2023 '작가'가 선정한

오늘의 드라마

작가

오늘은 뭘 먹지, 아니 뭘 보지?

언제부터인가 새 드라마가 시작하면 출석 체크하는 마음으로 전 세계 시청자들을 눈여겨보게 됩니다. 2021년 드라마 〈오징어게임〉은 미국을 포함한 83개국에서 1등을 차지했고, 2022년 드라마 〈재벌집 막내아들〉은 일찌감치 해외 판권이 팔려 글로벌 170여 개국의 방영을 확정하였습니다. 2023년 드라마 〈더 글로리〉 파트1은 누적 시청 1억 시간을 기록하며 다시 한번 전 세계의 이목을 'K-드라마'로 집중시켰습니다. 이쯤 되면 세계의, 세계에 의한, 세계를 위한 K-드라마라고 불러야 하지 않을까요.

그런 의미에서 『오늘의 드라마』 시리즈가 가지는 의미는 한 권의 책 그 이상입니다. 2023년 '오늘의 드라마'에 선정된 10편의 드라마는 한국 배우가 출연하고 한국 제작진이 만든 '한국 드라마'입니다. 또한 전 세계인의 사랑과 관심을 받은 '세계 드라마'입니다. 네, 맞습니다. 한국이 세계이고 세계가 곧 한국입니다. 이것이 바로 K-드라마 월드입니다.

오늘의 드라마 경향

최근 한국 드라마의 특징은 크게 두 가지로 요약할 수 있습니다. 첫째, 코로나 팬데믹 이후 영화감독과 시나리오 작가들이 드라마 제작에 많이 참여했습니다. 세계적인 성공신화를 쓴 〈오징어게임〉의 황동혁 감독 이후 영화감독과 시나리오 작가가 참여한 드라마가 부쩍 많아졌습니다. 영화 〈왕의 남자〉의 이준익 감독, 영화 〈범죄도시〉의 강윤성 감독, 영화 〈범죄와의 전쟁〉의 윤종빈 감독, 영화 〈헤어질 결심〉의 정서경 작가… 2021년 이후 부산국제영화제에서는 OTT 시리즈를 위한 온스크린 섹션이 운영되고 있습니다. 굉장히 상징적인 사건이 아닐까 싶습니다. 해를 품은 달이랄까요.

두 번째 특징은 소재의 다양화입니다. 넷플릭스를 시작으로 국내외 OTT가 많이 들어오면서 경쟁이 치열해졌습니다. 그만큼 구독자를 유인하기 위한 노력이 눈에 띕니다. 가장 시선을 사로잡는 건 역시나 새로운 소재를 다룬 드라마가 많아졌다는 것입니다. 화제를 모았던 드라마들을 열거해보면 우리가 지난 한해 동안 얼마나 다채로운 드라마를 즐겼는지 알 수 있습니다. 〈악의 마음을 읽는 자들〉, 〈환혼〉, 〈슈룹〉, 〈이상한 변호사 우영우〉, 〈나의 해방일지〉, 〈스물다섯 스물하나〉, 〈우리들의 블루스〉, 〈재벌집 막내아들〉, 〈더 글로리〉, 〈카지노〉… 매력적인 드라마가 너무나 많아 이 좁은 지면에 일일이 열거할 수 없음을 양해 바랍니다.

2023년 오늘의 드라마

『2023년 '작가'가 선정한 오늘의 드라마』에는 총 10편의 드라마 비평이

수록되어 있습니다. 학계와 산업계에서 활발한 활동을 하는 100분의 추천위원을 통해 다양한 작품세계를 가진 10편의 드라마가 선정되었습니다. 그중 가장 많은 지지를 얻은 드라마는 문지원 작가의 드라마 〈이상한 변호사 우영우〉입니다. 이 드라마가 뽑히지 않았으면 그게 더 이상한 일이지 않을까 싶을 정도로 지난 한해 큰 화제를 모았습니다.

〈이상한 변호사 우영우〉는 장애가 있는 여성이 원톱으로 등장하는 최초의 한국 드라마로, 장애와 소수자에 대한 공론장을 여는 계기가 됐다는 점에서 유의미한 작품입니다. 드라마의 사회문화적 영향력을 보여준 좋은 사례라고 할 수 있습니다. 한국을 넘어 전 세계의 사랑을 받는 지금 여기의 K-드라마는 그에 합당한 사회적 책임과 소명감도 가져야 하지 않을까 생각합니다.

창작적인 면에서도 눈여겨볼 점이 있습니다. 그동안 '여성 장애인'이 주인공인 드라마가 없었던 건 그만큼 대중적으로 풀어내기 어려운 소재이기 때문입니다. 문지원 작가는 에피소드를 전략적으로 배치해 대중성과 작품성 사이에서 세련된 서사를 구사합니다. 극 초반에 우영우라는 캐릭터의 판타지성을 부각시켜서 대중성을 높여 시청자들의 시선을 모으고, 그다음에 다른 유형의 자폐인과 지적 장애인을 등장시켜 극적 사실감을 높여 현실과 판타지의 균형감을 맞춥니다. 등장인물의 감정선뿐 아니라 시청자들의 감정선까지 고려한 정교한 서사 전략으로 작가가 전하고자 하는 메시지를 슬기롭게 담아냅니다. 한 마디로, 〈이상한 변호사 우영우〉는 재미와 의미, 두 마리 토끼를 잡은, 보기 드문 웰메이드 드라마입니다. 〈이상한 변호사 우영우〉가 있어 2022년 한 해 행복했습니다.

2023년도 K-드라마와 함께

예전에는 TV 방송국에서만 드라마가 방영되었습니다. 하지만 이제는 케이블 채널도 많고, OTT도 많습니다. 유튜브에서는 매일 새로운 웹드라마가 쏟아지듯 공개됩니다. 때문에 좋은 드라마를 못 보고 지나쳐 버리는 경우가 종종 있습니다.

이때 우리가 미처 챙기지 못한 빈틈을 따뜻하게 감싸주는 녀석이 바로 '알신'(알고리즘의 신)입니다. 어르신들은 입소문이라고 하고, MZ세대는 알신이라고 합니다. 이 '알신'의 나비효과는 엄청납니다. 작년 〈이상한 변호사 우영우〉가 인기를 끌자 우영우 역을 맡은 박은빈 배우의 작품들이 다시 주목을 받아 다시보기 열풍이 불었습니다. 2021년 〈연모〉는 물론이고, 2017년 방영된 〈청춘시대〉, 2019년 〈스토브리그〉까지 몰아보는 시청자들이 많았습니다. '꺼진 불도 다시 보자'란 속담을 이제는 '꺼진 드라마도 다시 보자'로 바꿔야 하지 않을까요.

2023년 계묘년을 맞이하여 새롭게 시작하는 신작뿐 아니라 '알신'의 간택을 받아 부활하게 될 드라마를 향한 기대도 무척 큽니다. 아, 오늘은 무슨 드라마를 보면 좋을까요. '2023년 오늘의 드라마'로 선정된 10편을 '다시보기'해보는 건 어떨까요. 그들의 매력을 꼼꼼하게 짚어낸 전문가의 비평을 읽으면서 말입니다. 꽃피는 3월, "똑바로 읽어도 거꾸로 읽어도 우영우"처럼 오늘도 내일도 K-드라마의 무한루프에 풍덩 빠져보시기를 바랍니다.

기획위원을 대표하여, 김민정

2023 '작가'가 선정한

오늘의 드라마

이상한 변호사 우영우

연출 유인식
출연 박은빈, 강태오, 강기영, 주현영, 하윤경, 주종혁 외
극본 문지원
음악 김성율
제작 이상백
제작사 에이스토리 / KT스튜디오지니 / 낭만크루
방송기간 16부작 2022년 6월 29일 ~ 2022년 8월 18일

문지원 작가
Moon Ji-won

단편영화 〈바다를 간직하며〉〈헬멧〉〈창문 너머 별〉을 연출하였으며, 영화 〈증인〉(2019)과 드라마 〈이상한 변호사 우영우〉(2022)의 각본을 맡았다. 서울국제여성영화제 최우수 신인감독상(2005), 롯데 시나리오 공모대전 대상(2016), 아시아태평양 어워즈 작가상(2022) 등을 수상했다.

모든 부모에게는 한 번쯤 '내 아이가 특별한 거 아닐까?' 싶은 날이 찾아온다고 합니다. 나의 아버지에게는 2000년 11월 17일이 바로 그런 날이었어요. 딸인 내가 자폐를 가진 천재라는 걸 깨달은 날.
- 1회 우영우 대사 中

제 이름은 똑바로 읽어도 거꾸로 읽어도 우영우입니다. 기러기, 토마토, 스위스, 인도인, 별똥별, 우영우. …역삼역?
- 1회 우영우 대사 中

너는 봄날의 햇살 같아. 로스쿨 다닐 때부터 그렇게 생각했어. 너는 나한테 강의실의 위치와 휴강 정보와 바뀐 시험범위를 알려주고, 동기들이 날 놀리거나 속이거나 따돌리지 못하게 하려고 노력해. 지금도 너는 내 물병을 열어주고, 다음에 구내식당에 또 김밥이 나오면 나한테 알려주겠다고 해. 너는, 밝고 따뜻하고 착하고 다정한 사람이야. 봄날의 햇살 최수연이야.
- 5회 우영우 대사 中

서울대 로스쿨에서 성적 좋은 애들은 다 대형 로펌으로 인턴 나가서 졸업 전에 입사 확정 받아. 근데 너만, 정작 학교에서 1등 하던 너만 아무데도 못 갔어. 그게 불공평하다는 거 다들 알았지만, 다들 자기 일 아니니까 가만히 있었을 뿐이야. 나도 그랬고.
야! 장애인 차별은 법으로 금지돼있어. 네 성적으로 아무데도 못 가는 게 차별이고 부정이고 비리야! 무슨 수로 왔든 늦게라도 입사한 게 당연한 거라고!
- 8회 최수연 대사 中

저는 오늘부터 법무법인 한바다의 정규직 변호사 우영우입니다. 똑바로 읽어도 거꾸로 읽어도 우영우. 기러기, 토마토, 스위스, 인도인, 별똥별, 우영우.
- 16회 우영우 대사 中

절대적 차별에 대한 지양과
상대적 평등의 지향

— 〈이상한 변호사 우영우〉

서곡숙(문화평론가, 청주대 교수)

1. 〈이상한 변호사 우영우〉: 차별에 대한 저항과 평등의 실현

필자가 2022년에 유일하게 본 드라마가 〈이상한 변호사 우영우〉
(ENA, 유인식 연출, 문지원 각본)이다. 로스쿨생이 유일하게 보는 드라
마도 〈이상한 변호사 우영우〉라고 한다. 이 드라마는 법조계에서
화제가 되었던 실제 사건을 바탕으로 극화하였으며, 차별에 저항
한 콘텐츠로서 차별에 대한 의미를 되짚어보게 만든다. 차별은 '개
인이나 집단의 특성을 이유로 부당하게 구별하여 대우하는 행위'를
말하며, '기본적으로 평등한 지위의 집단을 자의적인 기준에 의해

불평등하게 대우함으로써 특정집단을 사회적으로 격리시키는 통제 행위'이다. 대한민국 헌법 제11조 제1항은 다음과 같이 말한다. "모든 국민은 법 앞에 평등하다. 누구든지 성별·종교 또는 사회적 신분에 의하여 정치적·경제적·사회적·문화적 생활의 모든 영역에 있어서 차별을 받지 아니한다." 이런 점에서 차별과 평등은 긴밀하게 연결된다. 〈이상한 변호사 우영우〉는 어떤 식으로 차별에 저항하면서 평등을 실현시키는가?

2. 두 개의 신체: 극과 극의 존재를 통한 이중화

〈이상한 변호사 우영우〉에서 우영우는 극과 극의 존재이다. 우영우는 164의 높은 IQ, 정확한 기억력, 자유로운 사고방식을 가진 천재이지만, 불안한 감각, 몸에 대한 서툰 통제, 일상생활의 부적응을 가진 자폐 스펙트럼 장애인이다. 우영우는 공감과 소통에 문제가 있지만 특정 분야에서 높은 집중력과 천재성이라는 장점을 보여준다는 점에서 도움만 받는 정형화된 장애인의 틀을 깨고 있다. 다카시 후지타니에 의하면, '국왕'의 두 개의 신체는 국민공동체의 세속적이고 가변적인 번영을 나타내는 부분과 그것을 초월하는 영속성을 나타낸다.[1] 푸코에 의하면, '사형수'의 두 개의 신체는 처벌을 당

---

1 다카시 후지타니, 『화려한 군주: 근대 일본의 권력과 국가의례』, 한석정(역), 이산, 2003, 204쪽.

하는 사람들에게 표시되는 최소한의 권력을 체계화하는 가장 작은 신체를 보여줌으로써 사형수의 복종하는 신체에 행사되는 과잉권력을 보여준다.[2]

우영우도 두 개의 신체를 통한 이중화를 보여준다. 한편으로, 우영우는 금수저이자 법수저이다. 우영우는 법조계 1위 로펌 대표의 딸이고, 서울대학교 법대 출신 부모를 두었으며, 서울대학교 로스쿨을 수석으로 졸업한 천재이며, 대형로펌에 다니는 변호사로서 월급 1,300만 원을 받는다. 다른 한편으로 우영우는 장애인이자 사생

---

2   미셸 푸코, 『감시와 처벌: 감옥의 역사』, 오생근(역), 나남, 1994/2005, 60쪽.

아이다. 우영우는 태어나자마자 어머니에게 버림받고 한부모 가정에서 자라났으며, 자폐아로서 정상적인 생활을 하기 힘들며, 동그라미를 제외하고는 친구가 없었으며, 김밥 외의 음식을 먹기 힘들며, 회전문을 통과할 수 없으며, 충격적인 사고 현장을 보면 공황상태에 빠진다. 우영우는 장애인·사생아이기 때문에 금수저·법수저의 권리를 전혀 누릴 수 없다는 점에서 차별의 현실을 체화한 인물이다. 하지만 우영우는 장애인으로서의 약점을 강점으로 승화시킴으로써 차별에 저항하고 평등을 실현시키는 인물이다. 우영우를 높은 IQ와 낮은 EQ의 인물로, 현실과 이상을 동시에 보여주는 인물로 설정한 것이 신의 한 수이다.

3. 문제해결식 구성: 탁월한 천재성과 비사회성의 독창성

〈이상한 변호사 우영우〉는 문제해결식 구성과 반전 에피소드로 드라마의 흥미를 배가시킨다. 전체 플롯은 천재적인 두뇌와 자폐 스펙트럼을 동시에 가진 신입 변호사 우영우의 대형 로펌 생존기이다. 각각의 에피소드가 독립적으로 구성되어 완결성을 보이기 때문에 바쁜 현대인이 회차별로 관람하기 좋은 구성이다. 모든 에피소드가 반전을 보여주며, 차별을 극복하는 평등의 메시지를 전달한다. 에피소드의 전반부는 승소가 불가능한 사건, 곤경에 처한 의뢰인 등 해결할 수 없는 문제를 제시한다. 하지만, 후반부는 우영우가 탁월한 기억력이라는 천재성과 비사회성으로 인한 독창성으로 문제를 해결하여 통쾌한 해피엔딩을 선사한다. 7-8회 '소덕동 이야기', 13-14회 '제주도의 푸른 밤', 15회 '묻지 않은 말, 시키지 않은 일', 16회 '이상하고 별나지만' 등의 에피소드는 지역 주민 소송, 사찰 통행료 소송, 개인정보 유출 사건, 변호사의 암 투병을 보여준다. 이 드라마는 현실의 장애물, 통상적인 관계, 기업의 공익성, 워라밸 등의 메시지를 전하면서, 차별을 차별로 인지하지 못하는 현실을 드러내며 멋지게 문제를 해결하는 쾌감을 선사한다.

〈이상한 변호사 우영우〉는 정직하고 성실하고 정의롭고 유능한 변호사 우영우가 평등을 실현하는 이상을 그려낸다. 우영우는 자폐 스펙트럼 장애를 가진 천재라는 점에서 약점과 강점을 동시에 갖고 있다. 우영우는 매순간 장애인으로서 상처받고 좌절하지만, 법에 대해서는 누구보다 집요하게 파고드는 열정을 보여준다. 우영우는 정치적·경제적·사회적·문화적 생활 영역에서 차별에 저항하고 평등을 실현한다. 우영우는 장애인 여성이라는 점에서 '장애인차별금지및권리구제등에관한법률(2022.12.8.)'과 '남녀차별금지및구제에관한법률(2005.3.14.)'의 정의를 실현하는 인물이다. 9회 '피리 부는 사나이'는 사교육 1번지 대치동 학부모들이 의사·변호사로 키우고 싶은 욕심에 아이들을 억압하고 우영우가 장애인이라는 이유로 불신하지만, 서울대 로스쿨 수석 졸업이라는 소리를 듣고 태도가 달라진다는 점에서 직업 차별과 장애인 차별을 보여준다. 12회

'양쯔강 돌고래'는 사내부부 우선 퇴직사건을 통해 '고용분야에 있어서 채용, 승진, 전보, 해고, 정년 등에 있어서 남녀차별을 하여서는 아니된다'는 차별금지를 위배하는 관행에 대해서 문제를 제기한다. 〈이상한 변호사 우영우〉는 드라마 전체적으로 자폐 스펙트럼 장애인 여성인 우영우가 자신의 실력과 독창성으로 장애인 차별과 남녀 차별의 현실을 극복하고 평등이라는 이상을 실현시킨다.

4. 상대적 평등: 같은 것은 같게, 다른 것은 다르게

〈이상한 변호사 우영우〉는 장애인 여성 우영우를 통해 차별에 저항하며 평등을 실현한다. 이 드라마는 차별금지를 말하지만 차별이 존재하는 현실, 평등을 말하지만 평등하지 않는 현실에 대해서 문제를 제기한다. 이 드라마에서 보호받는 존재인 '장애인'이자 보호하는 존재인 '변호사' 우영우는 사회적 약자/강자의 이중성을 통해 사라진 정의에 대해 조용하지만 힘 있는 외침을 보여준다. 윤문희에 의하면, 헌법상의 평등원칙은 일체의 차별적 대우를 부정하는 절대적 평등을 의미하는 것이 아니라 입법과 법의 적용에 있어서 합리적인 근거가 없는 차별을 금지하는 상대적 평등을 뜻하고, 합리적 근거가 있는 차별 또는 불평등은 평등원칙에 반하지 않는다. 차별은 같은 것을 같게 대우해 주지 않거나 다른 것을 같게 대우하는 것이다.[3] 헌

---

3 윤문희, 「차별의 법적 개념」, 《노동리뷰》, 한국노동연구원, 2006권 9호, 2006, 71-72쪽.

법에서 평등은 절대적인 평등이 아니라 상대적인 평등이며, 같은 것을 같게, 다른 것을 다르게 대우하는 것이다.

장애인 여성 우영우는 서울대 로스쿨 수석 졸업생임에도 불구하고 로펌에 취직할 수 없었다는 점에서 같은데 다르게 대우받은 차별의 현실을 드러내며, 장애인 차별과 남녀 차별이라는 합리적 근거가 없는 차별에 저항하며 상대적 평등을 실현한다. 우영우의 사회성이 없는 성격은 사회와 타협하지 않으며 기본 원칙을 지켜나가게 만든다는 점에서 사회적 가면을 쓰지 않는 순수한 날 것의 매력을 보여준다. 우영우를 연기한 배우 박은빈이 장애의 희화화를 우려하여 실제 자폐 스펙트럼 장애인을 레퍼런스로 사용하지 않고 문헌 자료를 통한 간접적인 방법으로 연기 톤을 잡았다는 점에서 연기 과정에서도 차별에 저항하는 면모를 보여준다. 문지원 작가도 전작인 영화 〈증인〉에서 자폐성 스펙트럼 장애와 서번트 증후군을 동시에 가지고 있는 소녀 지우(김향기 분)가 자폐 때문에 변호사는 되지 못할 것이라며 절망하는 모습을 보여주지만, 드라마 〈이상한 변호사 우영우〉에서는 자폐 스펙트럼 장애인 여성 변호사 우영우를 통해 절망에 저항하고 희망에 도전하는 메시지를 전한다.

5. 낙관적 세계관: 절망에 대한 저항과 희망에 대한 도전

〈이상한 변호사 우영우〉에서 우영우는 여러 가지 난관에 부딪힌다.

우영우는 서울대 로스쿨을 수석 졸업했지만 취직을 하지 못하고, 사랑하는 남자가 생겼지만 그 가족의 반대에 힘들어하고, 1위 대형로펌 대표인 엄마의 존재를 알았지만 아는 체할 수 없고, 사건들을 훌륭하게 해결하지만 여전히 의뢰인에게 믿음을 주지 못한다. 하지만 우영우는 비참한 현실 속에서도 조용하지만 강인하게 이 난관을 헤쳐나간다. 우디 앨런은 인생이 행복한 삶과 불행한 삶이 있는 것이 아니라 비참한 삶과 끔찍한 삶이 있기 때문에, 현재 비참한 삶을 살고 있다면 비교적 행복하게 생각하라는 말을 남겼다. 마지막 회에서 이상한 변호사 우영우는 "뿌듯함! 오늘 아침에 제가 느끼는 이 감정의 이름은 바로 뿌듯함입니다."라고 마무리를 한다. 우영우의 '뿌듯함'은 절대적 차별의 현실에서 상대적 평등을 구현하고자 하는 '꺾이지 않는 마음'이 아닐까 한다.

* 글 출처: 이 글은 다음 발표 자료를 수정·보완한 것이다. 서곡숙, 「[차별에 저항한 콘텐츠] 〈이상한 변호사 우영우〉: 장애인·남녀 차별에 대한 저항과 상대적 평등의 실현」, 『한국문화콘텐츠비평협회 비평포럼 자료집』, 한국문화콘텐츠비평협회 포럼, 2022년 12월 17일, 13-14쪽.

서곡숙 sks0333@empas.com
문화평론가, 영화학박사. 현재 청주대학교 영화영상학과 교수로 있으면서, 한국영화평론가협회 사무총장, 한국영화교육학회 부회장, 영화학회 대외협력상임이사, 계간지 《크리티크 M》 편집위원장, 전주국제영화제 심사위원, 대종상 심사위원 등으로 활동하고 있다.

나의 해방일지

연출 김석윤

출연 이민기, 김지원, 손석구, 이엘 외

극본 박해영

음악 김태성

제작 김석윤, 김상헌, 조준형

제작사 스튜디오 피닉스 / 초록뱀미디어 / JTBC 스튜디오

방송기간 16부작 2022년 4월 9일 ~ 2022년 5월 29일

박해영 작가
Park Haeyeong

다큐에 관심이 있어서 배우러 갔다가 극을 쓰는 게 낫겠다는 선생님의 말씀에 SBS 〈LA 아리랑〉 보조작가로 시작해서 SBS 청춘 시트콤 〈행진〉 〈골뱅이 K〉, SBS 일일 시트콤 〈달려라 울 엄마〉 〈올드미스 다이어리〉, JTBC 일일 시트콤 〈청담동 살아요〉, tvN 드라마 〈또 오해영〉 〈나의 아저씨〉, JTBC 드라마 〈나의 해방일지〉까지 오게 되었다. 〈나의 아저씨〉로 한국방송작가상, 백상예술대상 극본상, 아시아콘텐츠어워즈 작가상을 받았고, 〈나의 해방일지〉로 또 한번 한국방송작가상을 받았다.

밝을 때 퇴근했는데, 밤이야. 저녁이 없어.
- 2화 염기정 대사 中

왜 매일 술 마셔요?
아니면 뭐 해?
할 일 줘요? 술 말고 할 일 줘요? 날 추앙해요. 난 한 번도
채워진 적이 없어. 개새끼, 개새끼… 내가 만났던 놈들은
다 개새끼. 그러니까 날 추앙해요. 가득 채워지게. 조금 있
으면 겨울이에요. 겨울이 오면 살아 있는 건 아무것도 없
어요. 그렇게 앉아서 보고 있을 것도 없어요. 공장에 일도
없고, 낮부터 마시면서 쓰레기 같은 기분 견디는 거, 지옥
같을 거예요. 당신은 무슨 일이든 해야 돼요. 난 한 번은 채
워지고 싶어. 그러니까 날 추앙해요. 사랑으론 안 돼. 추앙
해요.
- 2화 염미정이 술을 마시고 있는 구씨에게

우리 진짜로 하는 건 어때요? 해방클럽. 전 해방이 하고 싶
어요. 해방되고 싶어요. 어디에 갇혔는지는 모르겠는데, 꼭
갇힌 것 같아요. 속 시원한 게 하나도 없어요. 갑갑하고, 답
답하고, 뚫고 나갔으면 좋겠어요.
해방… 좋다!
- 3화 염미정이 조태훈과 박상민에게

진짜 해요? 추앙? '위대하고 위대하신 끝내주게 황홀하신'
이런 거 하냐고요.
- 8화 염기정이 구씨에게

추앙, 그리고 진정한 해방의 의미

— 〈나의 해방일지〉

손정순(시인, 쿨투라 발행인)

대한민국을 일시에 '추앙' 신드롬에 빠뜨린 〈나의 해방일지〉는 독립운동처럼 거창한 소재가 아니다. 누구나 한 번쯤 생각해 봤을, 어쩌면 우리들 마음속에 늘 품고 있었지만 직면하지 못했던 내면의 불안과 결핍에 대한 이야기이다. 큰 문제도 없는데 결코 행복하지 않은 나의 일상과 어딘가에 갇혔는지도 모른 채 늘 가슴 한구석을 조이는 답답함으로부터의 해방을 꿈꾸게 한다. 단 한 번도 완전히 채워져 본적이 없는 이들이 숭고한 '추앙'을 통해 내면의 결핍을 채우고 각자의 해방을 찾아가는 드라마이다.

그렇다면 자칫 지루해질 수 있는, 이 일상의 드라마가 공감과 화제성을 불러일으킨 이유는 무엇일까. 첫째 무조건 내 편인, 날 추앙해주는 가상의 누군가에게 말을 거는 염미정의 나래이션 신처럼 특이하고 재미있는 김석윤의 연출력이다. 두 번째는 대사 한 마디 한 마디를 놓치지 않고 집중하게 만드는 박해영 작가의 독보적인 명대사다. 그리고 대사도 맛깔나게 살리면서 진짜 그 인물이 된 듯 찰싹 달라붙는, 주인공 구씨(구자경, 손석구 분)와 염씨(염제호, 천호진 분) 삼남매의 자연스러운 메소드 연기는 〈나의 해방일지〉의 대미를 장식하기에 충분했다.

존재감 제로인 경기도민 삼남매와 구씨

"집이 어딘데? / 산포시요. / 용인 쪽인가? / 수원 근처요"

염미정(김지원 분)이 회식 자리를 일찍 나오면서 한 말이다. 시골과 다를 바 없는 경기도 끝자락 산포시에 살고 있는 염씨네 삼남매는 출퇴근만으로 하루 서너 시간을 보낸다. 평범에서도 조금 뒤쳐져 있는 이들은 관계에서 한 번도 채워진 적이 없기에 무기력한 나날을 보낸다. 삼남매의 아버지 염씨와 어머니(곽혜숙, 이경성 분)는 쓸데없는 돈 욕심 부리지도 않고 농사일과 싱크대 고치는 일로 한평생 근면하게 살아간다.

첫째 염기정(이엘 분)은 리서치회사 팀장이다. 나이 들면 멋지게 살 줄 알았으나 현실은 먼 집과 직장을 출퇴근하느라 빠르게 늙어가는 자신의 모습과 대면한다. 친구에게 "난 어차피 경기도민이니까 어딜 나가도 서울 나들이다. 그러니까 약속 장소 편하게 정해라. 내가 그러긴 했어. 그래도 적어도 경기도 남부냐 북부냐 동부냐 서부냐 이건 물어봐야 되는 거 아니냐"면서 겨울이 오기 전에 '아무나 사랑할 거'라고 선포한다.

둘째 염창희(이민기 분)는 편의점 대리이다. 유통 회사를 다니며 업무에서 오는 고단함도 많은데 끌어야 되는 유모차가 있고 보내야 되는 유치원이 있는 여자와의 연애는 쉽지 않다. "걔가 경기도는 계란 흰자 같대. 서울을 감싸고 있는 계란 흰자. 내가 산포시 산다고 그렇게 얘기를 해도 산포시가 어디 붙었는지를 몰라. 내가 1호선을 타는지, 4호선을 타는지. 어차피 자기는 경기도 안 살 건데 뭐하러 관심 갖"느냐며, 차도 없는 경기도민이라 연애도 결혼도 꿈꿀수 없단다. 자신의 상황을 어찌나 리얼하게 설명하는지, 캐릭터에 이입되어 마음까지 아프다.

막내 염미정(김지원 분)은 신용카드사 계약직 직원이다. 누구와도 싸우는 일 없이 무던하게 살아왔지만 하고 싶은 말은 못하고 꾹꾹 참다보니 마음속 응어리가 깊어간다. 회사에서는 계약직이라 무시하는 팀장, 어울리기 힘든 동료들, 돈 빌리고 도망간 전 남친으로 인해 모든 관계에서 점점 지쳐간다.

그런 견딜 수 없이 촌스런 삼남매가 사는 마을로 찾아온 외지인 구씨는 술로 하루를 견딘다. 옆 집 동네 어른(염씨)이 도와달래서 농사일과 싱크대 일을 거들며, 조용히 술만 마시는 구씨에게 사람들은 섣불리 말을 걸거나 자신의 세계로 끌어들이지 않는다. 하루에 몇 시간이지만 일하면서 술 마시니 그렇게 자신이 쓰레기 같지만은 않은 느낌이었는데 갑자기 염씨의 딸이 찾아와 그의 일상을 뒤흔든다.

결핍에서 추앙推仰으로

"술 말고 할 일 줘요? 날 추앙해요. 가득 채워지게. 겨울이 오면 살아있는 건 아무것도 없어요. 공장에 일도 없고, 낮부터 마시면서 쓰레기 같은 기분 견디는 거, 지옥 같을 거예요. 당신은 어떤 일이든 해야 돼요. 난 한 번은 채워지고 싶어. 그러니까 날 추앙해요. 사랑으론 안 돼. 추앙해요."

추앙해서 자신을 채워달라는 미정의 대사가 너무나 강렬했다. 추앙이 뭐냐고 묻는 구씨에게 미정은 "응원하는 거. 넌 뭐든 할 수 있다. 넌 뭐든 된다. 응원하는 거"라고 답한다.

미정이 추앙하라고 하니까 집으로 돌아와 추앙의 뜻을 검색해보는 구씨. 인간관계가 노동인 건 마찬가지인 구씨는 미정이 자신과 다를 게 없다는 걸 알았을 것이다. 그도 절실하게 해방되고 싶었고 응원하고, 응원 받고 싶었기 때문이 아닐까.

처음으로 염미정을 추앙하기로 한 구씨는 미정이의 날아간 모자를 가져다 주기 위해 도랑 위로 뛰어날았다. 무슨 기계체조 선수마냥 빠르게 뜀박질하여 달려가 하늘로 날아오르자. 갑자기 무채색 구씨의 존재감이 번쩍이며 살아났다. '추앙'의 표현을 이렇게 이색적이게 연출하다니! 이때부터 구씨로 완벽 빙의한 손석구 앓이(추앙)가 시작되었다. 대사가 거의 없는 손석구의 연기는 오히려 존재감을 드러낸다. 미정에게 "마을 버스 와. 뛰어." 겨우 이 한 마디 내뱉었는데도 설레다니! 시청자들도 미정과 함께 버스를 향해 뛰었을 것이다.

구씨와 미정이처럼 괜찮은 척 하지 않아도 되는 사람, 내 날 것 그대로를 사랑해주는 사람, 조건 없이 추앙할 수 있는 사람이 옆에 있다는 것은 얼마나 행복할까. 미정의 시시콜콜한 이야기를 다 들어주면서도 표정 없던 구씨가 미정의 "넌 날 좋아하니까" 라는 한마디를 듣고 깜짝 놀란다.

갑자기 마음을 들킨 걸까, 고백할 타이밍도 빼앗긴 채 강제로 사랑고백당한 구씨는 황당하지 않을 수 없다. 하지만 "날 추앙해야 해"라며 자신을 계속 좋아할 것을 강요하는 염미정에게 라면을 건넨다. 추앙해준다는 구씨의 말에 얌전히 앉아서 라면을 먹기 시작하는 미정에게 무심한 척 물도 한 병 건넨다. 그러면서 자기가 어떤 사람인지 아냐며, 무서운 사람이라면서도 미정이 해달라는 추앙을 은유적으로 돌려서 해준다. 자신을 낮춰가며 다른 사람의 자존감을 높여주는 구씨의 화법이다. 그리고 자신의 방법으로 다시 고백한다. 자신은 정말 무서운 사람인데 자신을 이렇게 만들 정도로 "넌 참 괜찮은 사람"이라고 말한다.

라면 하나를 앞에 두고 로맨틱한 분위기 하나 없이 흥정하듯 고백을 이어가는 두 사람. 하지만 염미정은 어느새 구씨의 이야기에 위로받아 눈시울이 붉어진다. 이렇듯 꾸밈없이 담백한 두 배우의 사랑스러운 케미를 보며 시청자들도 덩달아 추앙하지 않을 수 없었을 것이다. 중간 중간 삽입된 OST도 드라마 속 캐릭터의 감정 표현과 완벽하게 조화를 이룬다. 특히 김필의 거친 듯 부드러운 감성의 〈Here We Are〉는 따뜻하고 담담한 가사와 잔잔한 멜로디까지 구씨 그 자체다. "봄이 오면 너도 나도 다른 사람 되어 있는" 것이 확실할 것 같은 예감이 든다.

각자의 방식으로 해방 찾기

미정은 회사에서 내성적인 관심병사 3인과 함께 해방클럽이라는 동호회를 결성해보기로 한다.

"우리 진짜로 하는 건 어때요? 해방클럽. 전 해방이 하고 싶어요. 어디에 갇혔는지는 모르겠는데, 꼭 갇힌 것 같아요. 속 시원한 게 하나도 없어요. 갑갑하고, 답답하고, 뚫고 나갔으면 좋겠어요."

이 대사를 듣는 순간 불현듯 우리도 해방이 하고 싶어지지 않는가. 아무도 가두지 않았는데 해방이 하고 싶어진다. 묘하게 이입되는 대사다.

그리고 구씨와 미정은 한밤중 야산에 올라 흔들리는 억새 틈에서 키스를 한다. 롱테이크로 잡은 짧은 키스신이 환상인듯 아름답다. 이처럼 상처를 입은 두 주인공은 서로를 추앙하면서 상처를 치유하고 해방의 의미를 찾아간다.

한편, 기정은 너바나의 《네버마인드Nevermind》LP판을 대신 구매하여 전달해주며 딸아이(조유림, 강주하 분)가 있는 남자 조태훈(이기우 분)과 사랑에 빠지지만 창희는 좋은 기회가 와도 고지식한 아버지 때문에 제일 미워하는 회사 동료에게 기회를 뺏기고, 노력하던 승진도 못한다. 구씨에게 비싼 차를 빌려 타고 꿈에 그리던 드라이브를 하며 돌아다니지만 도무지 허허한 가슴이 채워지지 않는다. 그러던 중 구씨는 자신이 몸 담고 있던 세계로 다시 돌아가게 되고 미정과는 기약 없이 헤어지게 된다.

시간이 흐르고, 일상의 답답함을 해소하던 삼남매의 어머니가 갑자기 죽음을 맞는다. 다시 시간이 흘렀지만 지워지지 않는 미정의 생각에 구씨는 산포사로 찾아가지만 아버지 염씨는 이미 재혼했고 삼남매는 서울로 이사를 했다는 얘기만 듣는다. 염씨로부터 미정이의 연락처를 건네받은 구씨는 미정과 다시 사랑을 시작한다.

추앙은 성공했다. 결말에서 "한발 한발 어렵게 나아갈 거"라는 구씨의 내레이션은 '해방'의 의미가 투영되어 있다. 돈과 짐을 챙겨 집 밖으로 나온 구씨는 편의점에서 술을 한 병 사서 나오다 동전을 떨어뜨린다. 시궁창에 굴러가 빠지지 않고 창살에 딱 멈춰 선 500원짜리 동전은 그를 멈추게 만들었다. 술 없이는 하루도 견디지 못했던 그가, 산 술을 노숙자에게 건넨다. 이제는 500원 주화의 학처럼 어두운 과거에서 벗어나 훨훨 날아오를 수 있지 않을까. 자기 자신을 사랑하면서 자존감이 한층 더 높아진 염미정도 "내가 너무 사랑스러워. 느낄 게 사랑밖에 없"다며 환하게 미소 짓는다. 사랑을 받고 온전히 채워지고 싶었던, 미정이 오히려 구씨를 추앙하며 자신의 결핍을 채우고 진정한 해방을 맞이하게 된다.

어쩌면 '추앙'은 한 번도 완전히 채워져 본 적 없는 당신에게 건네는 사랑의 변증법이 아닐까. 내가 느끼고 있었지만 뭔지 모를 불안감에 표현하지 못했던 견딜 수 없는 촌스러움과 초라함은 나만의 것이 아니었다는, 이 대책 없는 안도감은 시청자들도 해방의 길로 구원했다. 〈나의 해방일지〉는 추앙으로 진정한 해방의 의미를 찾아가는 우리 모두의 드라마여서 공감의 체감온도가 더욱 높았던 것이 아닐는지.

손 정 순 more-son@hanmail.net
2001년 《문학사상》 신인상으로 등단. 시집 『동해와 만나는 여섯 번째 길』, 저서 『흰그늘의 미학, 김지하 서정시』 『목월 詩의 현대성』 등이 있음. 제1회 한류예술상을 수상했다. 현재 고려대에 출강하며, 문화전문지 《쿨투라》 발행인이다.

술꾼도시여자들

CP 박순태

프로듀서 최아름

연출 김정식, 박수원, 장양호

출연 이선빈, 한선화, 정은지, 최시원 외

극본 위소영

원작 미깡 웹툰 『술꾼도시처녀들』

음악 박세준

제작 문석환, 오광회

제작사 본팩토리

방송기간 시즌1 12부작 2021년 10월 22일 ~ 2021년 11월 26일

　　　　　　시즌2 12부작 2022년 2월 3일 ~ 2022년 2월 18일

위소영 작가
Wi So-young

여중, 여고, 여대를 나왔다. 유치원 베이비시터부터 극장, 만화책방 등에서 아르바이트를 숱하게 했다. 13년 동안 예능구성작가로 일하며 방송국에서 살다시피 했다. 2015년 드라마 〈오 나의 귀신님〉 보조작가로 드라마에 입문했고 2016년 드라마 〈또 오혜영〉의 공동집필을 맡았다. 인생의 터널 끝에서 만난 작품 〈술꾼도시여자들〉 덕분에 바쁜 나날을 보내고 있다.

우리는 친구다. 말보다는 건배를 믿는 진정한 술친구, 자고
로 닭발은 훑어야 맛, 술잔은 부딪쳐야 맛, 남친은 크리스
마스 때 생겨야 최고의 맛이지만 우린 모두 차였다. 하지
만 괜찮다. 크리스마스에도 술은 파니까.
-1화 안소희 대사 中

술에 취하면 별것도 아닌 일이 다 별게 된다. 진짜 별거였
던 일은 순식간에 아무것도 아니게 된다. 이게 바로 우리
가 술을 마시는 이유다.
-2화 안소희 대사 中

게임은 끝났다. 자고로 술을 이기기 위해 먹는 자는 맛있
어서 마시는 넌을 이길 수 없기 때문이다.
-4화 안소희 대사 中

그날에야 알았다. 일을 빨리하면 퇴근이 늦어진다는 것을.
-6화 안소희 대사 中

조르바를 쓴 카잔차키스가 죽기전에 이런 말을 했다. 나는
아무것도 원하지 않는다. 나는 아무것도 두렵지 않다. 나는
자유다.
-7화 강지구 대사 中

감이 왔어요.
아 이번엔 다르다.
저 남자는 다른 남자들과 다르다. 그래서 두려웠어요.
그래서 원피스 빌려달란 말에 모른척 했어요.
그거 빌려주면 우리 지구
'선녀와 나무꾼'의 선녀처럼 영영 가버릴 것 같아서
소희랑 저는 맨날 가도 결국 다시 돌아오거든요.
근데 지구는 진짜 가 버릴 것 같았어요.
- 시즌2 10화 한지연 대사 中

인생이 주옥같을 때

— 〈술꾼도시여자들〉

이지혜(영화평론가)

시즌 사이의 간극을 바라보며

"주옥같다"를 빠르게 말해보자. 맞다. 욕이다. 나는 '주옥같다'는 말을 종종 사용한다. 누가 뭐라고 하면 천연덕스럽게 덕담이라고 주장한다. (사전적 의미로도 좋은 뜻이다.) 긍정적 의미의 주옥珠玉(옥구슬)을 쓸 수 있는 상황이라면 좋을 텐데, 대부분 아니다. 우리는 안다. 애석하게도 하루 치의 걸음이 전자와 반대 경우의 주옥酒屋(술집)쪽으로 기우는 경우가 인생에선 더 많다. 내가 할 수 있는 일은 발걸음이 멈춘 장소에서 수많은 욕지거리를 안주 삼아 술을 마시는 것뿐이다.

〈술꾼도시여자들2〉(이하 〈술도녀1, 2〉)의 마지막 에피소드 재생이 끝났다. 전에도 보긴 했지만, 이 글을 쓰기 위해 모든 시즌을 하루라는 시간을 꼬박 할애해 공들여서 봤다. 화면이 멈춘 직후에는 마지막 장면 속의 소희처럼 자빠져 자리에 누울 정도였다. "와… 이거 나도, 드라마도 욕 좀 먹겠구나." 생각했다. 이런저런 인생의 사정으로 예정된 원고 마감일을 넘긴 상태였다. 애정을 가지고 시청한 드라마의 결말도 그저 그랬다. 한마디로 모든 상황이 좀 주옥같았다. 드라마 속의 한 장면처럼 모든 걸 내려놓고 한 잔 적시고 싶었다. 하지만 그럴 수 있는 상황이 아니었다. 포털사이트에 드라마 명을 검색했다. 「산으로 간 〈술도녀2〉 형만 한 아우 없었다」라는 기사가 제일 먼저 눈에 들어왔다. 긍정적인 내용은 아니었다.

〈술도녀1〉에 비교하자면 〈술도녀2〉는 설득력 잃은 서사들이 켜켜이 쌓였으며, 그 결과 형편없는 결말이었다는 식의 여론이 지배적이었다. 어느정도 공감했지만, 어떤 부분에서는 반대였다. 나 또한 〈술도녀2〉가 티빙이라는 OTT플랫폼의 흥행을 견인하다시피 했던 시즌1의 유구한 명성을 그대로 이어받았다고는 말할 수 없다. 웰메이드 드라마라고 말할 수 없다.

하지만 나는 〈술도녀〉가 시즌제 드라마라는 점에 주목했다. 〈술도녀3〉가 있을지는 모르겠지만, 〈술도녀3〉를 염두에 둔다면 드라마는 기획의도에 걸맞게 잘 진행되고 있는 편이었다. 오히려 잘 진행되었기 때문에 시즌1과 비교했을 때 부정적인 여론이 들끓지 않

았나 하는 역설적 의문이 떠올랐다. 이 의문에 대해 해명해보고 싶었다. 따라서 대부분이 몰입하지 못한 이번 시즌을 위해, 이 드라마가 전하고자 하는 '메시지'를 다시 한번 짚고, 약간의 변명을 해보고자 한다.

사랑들 해

원작이었던 미깡작가의 웹툰 『술꾼도시처녀들』(전 3권 완결)은

2014년도부터 포털사이트 다음(현 카카오)에서 연재되었던 4컷 만화 형식의 일상물이었다. 만화는 드라마 포맷과 마찬가지로 또래의 세 여성이 등장한다. 그들이 매일의 술과 안주를 골라 먹는 모습을 그린 일종의 '반주飯酒' 웹툰이었다. 멀끔한 여성 캐릭터들이 다양한 나라의 독주와 소위 '아재들'이 좋아할 것 같은 제철 안주를 신중히 선택해 즐겼다. 이러한 소재의 일상 만화가 등장한 것은 내 기억으로 거의 최초였다.

나도 만화의 애독자였다. 동시에 소심한 애주가이기도 했다. 매주 웹툰이 올라오는 날 중 하루는 좋아하는 위스키를 꺼내놓고 술 한잔을 홀짝이던 기억이 있다. 지척의 술집에서 먹고 마시는 이야기가 주를 이루는 만화 속 세계는 안온하고 따뜻했다. 사소한 갈등이 발생하거나 외부의 인물이 개입될 때도 있었지만, 금방 해결되었고 이야기에 녹아들었다. 원작 웹툰을 보는 동안은 특유의 단순하고 따뜻한 서사에 '무해하게' 몰입되었다.

시간이 흘러 만화가 잊힐 때 쯤, 웹툰 원작의 〈술도녀1〉이 등장했다. 이 드라마가 최초 공개된 2021년 10월 당시의 반응이 얼마나 대단했는지에 대해서는 대부분이 기억할 것이므로 따로 설명하지는 않겠다. 시청자들은 OTT라는 플랫폼을 통해 나타난 〈술꾼도시여자들〉에 환호했다. 각종 금기와 통념을 깨부수고 나타난 세 여자들에 열광했다. 무자비한 술꾼이자 욕쟁이인 강지구(정은지 분), 안소희(이선빈 분), 한지연(한선화 분)에게 공감했다. 응원했다. 나아가 사랑했다.

이게 문제였다. 모두가 그들을 사랑했다는 것이다.

사실 나는 요즘 좀 드라마가 싫다. 피하게 된다. 정확히 말하자면 싫은 건 아니고 버겁다. 특히 요즘처럼 시즌제가 자리잡은 이후부터는 더욱 그렇다. 예전처럼 편한 마음으로 시청과 정주행을 시작할 수가 없다. 드라마는 회차로 이어지기 때문에 이야기의 호흡이 길다. 등장인물들을 오래 들여다(만나)보게 된다. 오랜 시간을 들여 연속적인 감정이입을 하게 된다. 감정이입이 나아가 몰입이 된다. 캐릭터에서 나와 비슷한 부분을 찾으며 공감하게 된다. 그렇게 드라마에 정이 드는 과정을 거치면, 한 주를 기다리고, 다음 시즌을 기다리며 계속 찾아보게 되는 것이다. 따라서 한 드라마의 시즌이 끝나고 나면 흠뻑 지쳤다.

OTT의 등장 이후 드라마의 한계 또한 무한해졌다. 따라서 사건의 폭이 넓고 복잡해졌다. 인물의 관계를 통해 나타나는 감정의 고저나 낙차를 표현하는 시간이 길어졌다. 따라서 잘 만든 드라마일수록 집중도가 높아지고 피로했다. 나는 그랬다.

그러나 〈술도녀1〉은 그런 점에서 영리한 드라마였다. 〈술도녀1〉은 티빙이라는 OTT 플랫폼을 통해 공급되었다. 드라마 속에서 비속어와 폭력의 사용이 공중파 매체에 비해 자유로웠다. 따라서 사건이나 인물의 관계가 복잡할 필요가 없는 드라마였다. 〈술도녀1〉은 캐릭터 각각의 고유성과 이러한 캐릭터가 마시는 '술'의 주도酒徒를 그리는 것에 집중한 드라마였다. 팬데믹으로 모두가 움츠러들고 피로했던 시기, 디스플레이 안에서 천방지축 살아 숨쉬는 이 감당 안 되는 캐릭터들을 우리는 필연적으로 잔뜩 사랑할 수밖에 없었다.

시치미 뚝 떼고 처음 해보는 것처럼

바닷가 횟집 할머니(〈술도녀1〉, 8화)는 과거 연애사를 회상하는 세 여자들에게 "사랑들 해 …(중략)…그저 시치미 뚝 떼고 처음해보는 것처럼 예쁘게 해."라고 말한다. 그리고 다시는 이 횟집에 오지 말라고 그녀들에게 신신당부한다. 이후 그녀는 횟집을 접는다. 80살의 나이로 그리스 산토리니에 사는 동갑내기 푸른눈 할아버지와 결혼을 한다.

〈술도녀1〉은 12부작이지만, 나는 8화의 이 장면에 주목했다. 드라마의 맥락과 나아갈 방향이 여기에 있다고 본 것이다. 세 여자는 지금으로부터 10년 전, 첫 연애 당시 연인들과 바닷가 횟집으로 단체 여행을 떠났다. 그리고 이 장소에서 모두 연애를 처참하게 실패했다. 이후로도 타인과 제대로 된 관계를 맺지 못하는 중이다.

그리고 이러한 사건은 스토리의 진행을 위해 캐릭터의 성격에 부여된 '의도적 결점'과 연결된다. 완전무결한 인간은 없는 것처럼 이 세 캐릭터 또한 각각의 '결점'을 가지고 있다. 이로 인해 '셋'이라는 울타리 밖 인간관계는 순탄치 못하다. 그러므로 엔딩 즈음 거의 매번 '셋'만 모여 술을 마시는 광경은 셋의 변치 않을 우정을 강조하기 위한 것이 아니다. 다분히 의도적인 신이다. 물론 〈술도녀1〉에서는 이러한 장면이 즐겁고 유쾌하며 따뜻한 시선으로 그려진다. 그러나 그 외피를 들춰본다면 결국 서로의 결핍을 어루만져 줄 수 있는 관계가 서로밖에 없었다는 정답을 도출할 수 있다. 그런 친구가 있는 삶, 연애에 집착하지 않는 삶. 물론 나쁘지 않다. 하지만 이 드라마는 사랑스럽지만 미성숙한 어른들, 술은 마실 수 있어도 맨정신으로는 성숙한 관계맺기를 어려워하는 어른들의 궁극적인 성장을 격려하는 드라마다. 이러한 서사의 도정으로 타인과의 관계 맺기, '사랑'을 택한 듯 보인다.

그러므로 〈술꾼도시여자들〉은 마냥 즐겁고 평화롭기만 할 수는 없는 드라마다. 캐릭터의 '어딘가'가 비어있는 드라마이기 때문이다. 강지구의 트라우마란 '책임에 대한 회피'다. 표면적으로 강지구는 냉정하고 무심한 듯 보인다. 하지만 성장과정에서 겪은 상처와 제자를 지키지 못했다는 자괴감에서 도피하는 방법으로 술과 종이접기를 택했다. 반면 한지연의 트라우마는 '애정결핍'이다. 자신을 버린 아버지에 대한 원망과 보편가정에 대한 결핍을 해소하는 방법을 '남성편력'으로 도피한다. 따라서 그녀 또한 술과 습관적 연

애 뒤로 숨는다. 마지막으로 안소희는 항상 중재자 역할을 도맡는다. 그러나 이에 대한 억압감으로 일상에서 감정적 순간을 이겨내지 못한다. 중요한 순간 충동적인 선택을 반복한다. 스스로에게 나쁜 선택이라는 걸 알면서도 말이다.

이처럼 8화 이전까지의 〈술도녀1〉이 세 캐릭터의 결핍과 과거사를 보여주며 캐릭터의 서사를 쌓았다면, 〈술도녀1〉의 8화 이후, 그리고 〈술도녀2〉의 시작부터 이 결핍으로 인해 파생되는 사건들이 본격화된다. 그러므로 시청자 입장에선 당황스럽다. 시청자는 캐릭터의 결핍까지 사랑하게 되었다. 이미 그녀들의 개인적 서사에 융

화되었다. 그러나 시청자는 외부자일뿐, 캐릭터는 드라마의 세계관 속에서 자신들만의 삶을 꾸려가고 있다는 점을 이해하자고 조심스럽게 권하고 싶다. 사랑했기 때문에 눈감아 주었던 캐릭터의 부족함과 결핍들은 그 삶 안에서 생동하였다. 〈술도녀2〉에 등장하는 이해 못 할 사건들을 만들어내었다. 죽어도 용서할 수 없을 것 같았던 한지연의 아버지에 대한 에피소드가 그랬다. 지연과 지구가 남자를 두고 싸우는 부분이 그랬다. 엔딩에서 나타나는 소희의 선택도 마찬가지다. 그러므로 미성숙한 상태에서 '셋'의 우정은 미완이고 불안정했다. 그들의 텅 빈 구석의 모양이 다르므로 서로가 채워줄 수 있는 부분이 아니다. 이 부분을 채우는 건 각자의 몫이다.

그냥 좀 천천히 깊게 들여다 보라고 너를, 시간은 많으니까

〈술도녀1〉 8화에서 횟집 할머니가 말한 대사에 다시 한 번 주목해 보자. 이 대사 직후 세 여자는 '썸'을 타고 있는 남자들에게 짠 것처럼 연락을 받는다. '사랑'으로 포장된 다른 관계를 맺고 실수한다. 물고 뜯고 싸운다. 이해할 수 없는 행동을 반복하며 이야기는 달려간다. 어쩔 수 없다. 부딪히며 관계를 맺고 이 관계를 부수며 깨닫고 성장해야 하기 때문이다. 술로 도피하며 술을 핑계로 주도하는 관계가 아니기 위해서 이들 관계에 붕괴는 필수였다. 그러나 시청자는 피로해졌다. 이 세 여자들에게 몰입했기 때문에, 공감했기 때문에 〈술도녀2〉에서 발생하는 사건들을 용납할 수 없었다. 나도 그랬다. 하지만 이해할 수 없는 건 아니었다. 〈술도녀2〉는 진정으로 성장하는 캐릭터, 연대하는 셋이 되기 위한 과정이자 과도기를 그리고자 했다는 것을 보았기 때문이다. 물론 그 과정을 전적으로 캐릭터에 의존했다는 점과 이야기의 흐름에 빈틈이 많았다는 점, 따라서 설득력을 잃었다는 점은 아쉬운 부분이다.

지구가 제일 먼저 셋의 울타리를 떠난다. 다음으로 지연이 떠난다. 마침내 소희가 남는다. 1년 후 그들은 다시 만난다. 그들의 결핍이 얼마나 채워졌는지는 알 수 없다. 그러나 여전히 셋은 따로, 또 다시 함께 있다. 그들은 드라마 속 지구의 대사처럼 천천히 스스로를 들여다 볼 것이다. 서로도 들여다 볼 것이다. 취하지 않고도, 취하고도 그냥 좀 깊게. 그러므로 〈술꾼도시여자들〉이 시즌3로 돌아왔으면 좋겠다. 지질하고 버겁고 이해가 가지 않아도 나는 이 셋을 어쩔 수 없이 사랑한다. 시간은 많으니까. 시치미 뚝 떼고 처음 보는 것처럼 봐줄 수 있을 것만 같다.

이 지 혜 leehey@khu.ac.kr
제16회 〈쿨투라〉 신인상 평론부분 당선. 경희대학교 후마니타스 칼리지 강사.
〈르몽드 디플로마티크〉에서 문화평론을 고정연재 하고 있다. 경희대 K-컬처
스토리콘텐츠 연구소 소속으로 문화콘텐츠를 연구한다.

슈룹

CP 유상원
프로듀서 최순규, 권경현
연출 김형식, 박건호
출연 김혜수, 김해숙, 최원영 외
극본 박바라
음악 김준석, 정세린
제작 박진형, 손재성
제작사 하우픽처스
방송기간 16부작 2022년 10월 15일 ~ 2022년 12월 4일

박바라 작가
Park Ba-ra

초등학교 4학년 때부터 작가를 꿈꿨다. 서울예대 극작과를 졸업한 뒤 홍보영상 시나리오 작성과 제안서 기획 일을 했으며 2014년 KBS 신인작가 그룹(하반기)에 뽑혀 6개월간 활동했다. 2019년 〈녀테, 얼음의 다락〉이 'O'PEN 스토리텔러' 공모전에 당선되어 작가의 길로 들어섰다. 소녀 시절부터 간직한 꿈이 서른을 훌쩍 넘어 결실을 맺은 것. '바라보다'라는 뜻을 담아 부모님이 지어주신 이름처럼, 꿈을 바라보고 즐기며 꾸준히 걸어온 덕분이 아닌가 싶다. 드라마를 쓸 수 있어서, 보여줄 수 있어서 더없이 행복하다.

잊다니요? 아버지는 부인이 열 명도 넘는데? 왜 전 한 명도
안 된다고 하십니까?
그럼 너도 임금 하든가.
- 1화 이문, 임화령 대사 中

언젠간 말이다. 남과 다른 걸 품고 사는 사람도 숨지 않아
도 될 때가 올 거야.
- 3화 임화령 대사 中

궁에선 말이다. 본 것은 눈 감고, 들은 것은 잊고, 하고픈 말
이 있거든 꾹 다물거라.
- 4화 대비 대사 中

역모가 성공하면 역사가 되기도 합니다.
- 4화 대비 대사 中

어마마마, 약속해 주십시오. 무너지지 않겠다고.
그래야 제가 편히 눈을 감을 수 있을 거 같습니다.
바람이 되어서라도 곁에 머물겠습니다. 그러니 원손과 아
우들을 지켜 주십시오.
- 5화 세자 대사 中

아바마마. 정녕 이대로 끝내시려는 겁니까?
임금이라 해서 뭐든 할 수 있을 것 같으냐?
임금이 할 수 없다면 그럼 대체 누가 할 수 있단 말입니까?
정말, 바꿀 수 없는 것입니까?
- 7화 이강, 이호 대사 中

국모는 개뿔. 중전은 극한 직업이다.
- 16화 임화령 대사 中

임화령, 가장 진보적인 캐릭터

— 〈슈룹〉

주찬옥(드라마 작가, 중앙대 교수)

〈슈룹〉은 우산의 옛말이고 이 드라마는 방송 초기 홍보 기사에 의하면 〈조선판 스카이캐슬〉이라고 했다. 〈조선판 스카이캐슬〉이라면 모성애를 앞세운 치맛바람의 사극 버전이겠지?

이 짐작은 반은 맞고 반은 틀렸다.

〈슈룹〉은 궁중에서 제일 바쁘고 제일 많이 뛰어다니는 중전 임화령(김혜수 분)이 주인공이다. 세자(배인혁 분)를 뺀 나머지 대군들이 하나같이 말썽꾸러기 천방지축이라 화령은 품위 따윈 개나 줘버린 채 공진단 먹고 고군분투하는데, 유일하게 안심되고 위로가 되던 세자가 덜컥 쓰러진 뒤에는 대군들 건사가 절박한 생존의 문제가 되어 버린다. 잘못하면 폐위된 전 중전처럼 자신 뿐 아니라 아들들의 목숨도 풍전등화 되기 때문이다.

'왕자들 중에서 가장 능력있는 자를 후임으로 정한다'는 전제가 소위 고장극이라고 하는 중국 사극에 종종 등장하는 제도라는 역사 고증 문제가 있긴 했지만 뭐, 어차피 사료를 바탕으로 한 사극이 아니니 드라마틱한 설정으로 봐주기로 하자.

누가 세자 지위를 이어받을 것인가의 경합에 영의정 딸인 엄친아 황귀인(옥자연 분), 우의정의 조카이며 자식을 위해서라면 구정물에도 들어갈 자세라는 고귀인(우정원 분), 중궁전 출신 신데렐라 태소용(김가은 분) 등이 저마다 야심을 품고 아들들을 다그치며 기회를 잡으려 한다. 거기에 "아무리 손자들이라도 내 자식 속상하게 하면 꼴보기 싫다."는 나름 지극한 모성애를 가진 대비(김해숙 분)가 만만찮은 빌런으로 판을 흔들고, 사가에 나가 살고 있지만 복수를 꿈꾸던 폐비 윤씨(서이숙 분)까지 복선으로 들어와 드라마의 후반 긴장을 담당한다. 그러니 조선판 모성애 전쟁, 조선판 스카이캐슬이 맞긴 맞다.

그런데 〈대장금〉 이후 사극에서 즐겨 다루는 오디션 구성이 주는 쫄깃한 긴장감보다 〈슈룹〉에서 내 눈을 사로잡은 것은 중전 임화령의 캐릭터였다.

화령은 그동안 사극에서 보여지던 여성상, 중전 캐릭터가 아니다. 대단히 적극적이고 능동적인데다가 현대극에서도 보기 드문 진보적인 삶의 태도를 지녔다. 대군들을 왕실 교육현장으로 내몰다가도 여인의 영혼을 지닌 계성대군(유선호 분)의 삶을 이해하고 그 아들을 위한 길을 열어준다. 그리고 혜월각에서 태어난 천민 초월(전혜원 분)과 무안대군(윤상현 분) 사이의 도저히 이룰 수 없는 애정까지도 인정해준다. 더구나 이런 관용과 포용력을 자신의 소생에게만 보여주는 것도 아니다.

"보검군. 세자가 되는 것만이 너의 능력을 증명하는 길이 아니야. 왕의 자리는 그 모든 권력을 갖지만 그 모든 일들을 왕이 혼자서 할 수 있는 것은 아니다. 나는 보검군 네가 우리 세자의 곁에서 힘을 보태어 주었으면 한다." 대비가 보검군을 세자로 밀어주는 것 같았는데 알고 보니 의성군(찬희 분)을 세자로 세우려는 영의정 황원형(김의성 분)과 그의 딸 황귀인(옥자연 분)으로부터 더 많은 걸 얻어내기 위한 장기 말일 뿐이었다는 것을 알고 절망한 태소용 모자에게 화령이 한 위로다.

심성이 착한 심소군(문성현 분)의 경우도 비슷하다. 도적들에게 모든 걸 빼앗기고 걸인처럼 돌아왔을 때 고귀인은, "몸이 부서지고 숨이 끊어지더라도 궁으로 돌아오지 말았어야 했다"고 아들을 다시 내쫓는다. 화령이 배고파 쓰러진 심소군을 거둬 밥을 챙겨 줬으나 그 사실을 안 고귀인이 "이 꼴을 보일 거면 차라리 죽으라"고 불같이 화를 내며 밥상을 엎어버린다. 코너에 몰려 목을 맨 심소군을 다시 화령이 살려낸 뒤 그제야 정신이 번쩍 든 고귀인에게 하는 말.

"난 앞으로도 고귀인이 아이가 잘못했을 때 혼을 내는 모친이었으면 좋겠네. 심소군 역시 따끔하게 혼이 나더라도 고개를 들 수는 있어야 하지 않겠나. 저 아이가 끝까지 쥐고 있었던 게 뭔 줄 아는가? 자네가 심소군에게 준 것이라 들었네. 이리 버선발로 달려온 걸 보니 자네도 심소군을 걱정한 것이 아닌가. 너무 자책하지 않았으면 하네. 크나큰 실수를 저질렀지만 가장 큰 벌을 받은 사람 또한 자네니까." 상대의 마음을 꿰뚫어보는 위엄과 아픈 상처까지 보듬어주는 자애로움 덕분에 한 때 경쟁자였던 후궁들은 무장해제 되며 화령의 심복이 된다. 〈슈룹〉이 '우산'을 뜻하는 고어라고 하는데 화령이라는 '슈룹'은 자기 자식들만이 아니라 타인의 자식들까지

씌워주는 품이 넉넉한 우산이었던 것이다. 이 정도면 우산이라기보다는 거의 비치파라솔 사이즈인데?

그 뿐 아니라 화령은 삶에 있어서 어느 것이 더 중요한가, 선택의 강단도 보여준다.

세자가 어떻게 살해됐는지 파헤치기 위해 태인세자의 사인을 추적하는데 이것은 왕 이호(최원영 분)에게도 위협이 되는 일이었다. 태인세자를 죽이고 왕위를 찬탈한 대비의 만행을 묵과했던 게 이호였기 때문이다. 그럼에도 불구하고 화령은 진상을 밝혀야 한다고

밀어붙인다.

놀라울 정도로 대단히 진보적인 선택이다. 드라마에서 이토록 정치적인 감각이 있는 여성상이 있었나?

물론 김혜수라는 대배우의 휘어잡는 연기 덕도 있다. 김혜수 아우라! 몰입감 짱!

자 이제 〈스카이캐슬〉 얘기를 해보자. 〈스카이캐슬〉이 엄청난 화제를 몰며 방송한지 벌써 5년이 지났다. 대한민국 상위 0.1%에 속하는 상위층들(상류층의 기준이라고 해봐야 오로지 돈이지만)이 자식에게도 부와 사회적 지위를 물려주기 위해 최고의 학벌인 서울대 법대, 의대를 보내기 위한 고군분투기 드라마였다. '내 자식을 위해서라면 뭐든 해.'를 넘어서 '남의 아이 쯤은 얼마든지 짓밟을 수 있어.'가 기본 정서였는데 마지막 회에서 다들 회개하고 착한 사람이 되어 주제발표 하는 바람에 뜨악한 기분이 들긴 했다. 그러나 그전까지 모성애라는 이름으로 위장한 처절하도고 치열한 엄마들의 욕망은 극적 재미와 씁쓸한 공감대마저 선사했다.

개인적인 소회지만 그 드라마 마지막 회는 파멸로 갔어야 했다. 스카이캐슬에 불이 나서 화마가 단지 전체를 집어삼키는 정도의 파국을 맞는 게 맞지 않았을까? 뭐, 그거야 내 생각이고.

그런데 이 〈스카이캐슬〉에는 선한 역할로 이수임(이태란 분)이란 동화작가, 우주의 엄마가 나온다. 명품 드레스에 하이힐로 성장한

다른 엄마들과 옷차림부터 다르다. 꽃밭을 일구다 그냥 툭툭 털고 나온 듯한 작업복 차림으로 다니며 스카이캐슬 엄마들의 이기심과 헛된 대리 욕망을 지적하고 충고한다. 선하고 정의롭고, 아이들 편에서 아이들 인권을 생각해주는 수임은 그러나 의외로 시청자들에게 엄청 미움을 받았다.

왜 그랬을까, 시청자들의 환호와 지지를 받는다거나 하는 말, 하는 행동이 사이다가 되긴 커녕 왜 위선적이고 오지랖이라고 느껴졌을까.

한서진(염정아 분)이 악인 캐릭터긴 해도 서사를 부여받는 바람에 매혹적인 캐릭터로 자리를 잡은 후 나중에 이사오는 형식으로 합류한 탓도 있겠지. 거기에 "내 아이 성공시키고 싶어서 안달하는 게 뭐가 나빠."라는 당당함이 가족 이기주의보다 누구나 그렇다는 보편적인 욕망, 납득되는 공감대 형성으로 자리 잡은 걸 수도.

다시 〈슈룹〉으로 가보자. 〈슈룹〉의 이 완벽에 가까운 여성 캐릭터는 어찌 생각하면 사극이어서 가능했을지도 모르겠다. 사극은 쓰기 어렵긴 하지만, 그러나 강점도 있다. 계략, 음모. 역모. 가문의 멸문지화. 신분 차이. 운명 등등의 드라마틱한 설정들이 허용되는 장르가 사극이니까. 현대극에선 사실 목숨이 위태롭다든가 가슴 절절한 운명, 숙명 등이 웬만한 설정 아니면 설득력이 떨어진다. 그러나 사극은 비현실적이거나 파격적인 설정도 쉽게 받아들이게 된다.

그러니 완벽에 가까운 이 진보적인 캐릭터는 사극에나 어울리는 판타지인 것일까? 현대극에서는 이런 여성상, 모성애의 확장이 어려운 것일까? 등장하더라도 현실성과 공감대가 현저히 떨어지려나?

주 찬 옥 jco3@daum.net

드라마 작가. 1988년 MBC 베스트셀러극장 〈매혹〉으로 데뷔했으며, 〈사랑〉(MBC, 1998년) 〈수줍은 연인〉(MBC, 1998) 〈외출〉(SBS, 2001) 〈남자를 믿었네〉(MBC, 2011) 〈운명처럼 널 사랑해〉(KBS, 2014) 등을 썼다. 현재 중앙대학교 교수로 재직중이다.

시맨틱 에러

CP 김요한

프로듀서 임민주, 김소희

연출 김수정

출연 박서함, 박재찬

각본 제이선

원작 저수리 웹소설 『시맨틱 에러』

음악 조은영

제작 김동래, 신성진

제작사 래몽래인, AXIS

방송기간 8부작 2022년 2월 16일 ~ 2022년 3월 10일

제이선 작가
Jason

『시맨틱 에러 대본집』을 집필했다.

상우야, 나 언제까지 눈 감고 있어야 돼?
- 4화 장재영 대사 中

오늘은 고마웠어요. 싫은건 싫은거고,
고마운건 고마운거니까.
- 4화 추상우 대사 中

잘하셨으니까 머리 쓰다듬어 드릴게요.
- 6화 추상우 대사 中

추상우 나랑 연애하자 체험판 말고 진짜 연애.
- 8화 장재영 대사 中

좋아한다구요 형이 좋아요 좋아해요.
- 8화 추상우 대사 中

BL물 속 트랜스 아이덴티티, 그리고 성장

— 〈시맨틱 에러〉

김세연(미디어 비평가)

1.

OTT플랫폼 '왓챠'는 작년 한 해 동안 가장 많이 반복 재생된 콘텐츠로 〈시맨틱 에러〉를 꼽았다. 〈시맨틱 에러〉는 동명의 웹소설을 드라마화한 작품으로, 정반대 성격을 지닌 두 남자 대학생이 서로에게 스며드는 이야기를 담은 캠퍼스 로맨스다. BL이라는 장르적 한계에도 불구하고 돌풍적인 관심을 불러일으키며 지난 여름에는 극장판으로까지 제작되었다. 현재 〈시맨틱 에러〉의 성공에 힘입어 BL 장르의 후발 콘텐츠가 잇따라 출몰하는 중이다. BL 신드롬을 일으켰다 해도 과언이 아니다.

'BL'은 'Boys Love'의 준말로 젊은 남성 간의 동성애를 다루는 콘텐츠를 뜻한다. 주로 여성들에 의해 소비되는 서브컬처 장르인데, 2000년대 초반만 하더라도 '야오이'라는 이름으로 불리기도 했으나 이제 그런 용어는 거의 사용되지 않는다. 흔히 언급되는 '퀴어물'과는 조금 다르다. 퀴어물은 영화 〈캐롤〉이나 박상영 소설 『대도시의 사랑법』 등과 같이 동성애자의 모습을 객관적으로 묘사하며 진지한 주제의식을 지닌다는 특징이 있다. 반면 BL물은 미소년들 간의 연애를 판타지적인 시선에서 풀어낸다는 점에서 탐미주의적 성향이 강하다.

BL물에서는 '성소수자'에게 주어지는 사회적 상황에 대한 자의식이 부재하며 동성애를 평범하고 보편적인 것으로 묘사한다. 최근

왓챠 제공

BL물이 대중화되는 현상을 반기는 입장에서는 이런 세계관의 설정
이 현실의 한계를 상상적으로 극복한다는 점에서 실제 사회의 성
평등에 기여할 것이라고 낙관한다. 그러나 그것의 창작 계기나 소
비되는 방식을 두루 살펴볼 때 실제 성소수자와 관련한 실천적 문
제와는 분리하여 이해하는 편이 좀 더 합리적이다. 대신, BL물의 골
간은 '트랜스 아이덴티티'의 실행에 있다고 본다.

 '트랜스 아이덴티티'란 말 그대로 '정체성 전환'을 뜻한다. 임대
근에 따르면 트랜스 아이덴티티라는 서사소는 인류를 사로잡는 서
사체의 핵심 요인이다. 단군신화에서 곰이 사람이 되거나 오이디푸
스 왕이 어머니의 남편에서 아들이 되는 것, 영화 〈뮬란〉에서 파씨
가문의 외동딸이 아버지 대신 전쟁터에 나감으로써 사회적 성별이

역전되는 것 등 고전부터 현대물에 이르기까지 다양한 사례를 찾아볼 수 있다.[1] 최근에는 '팬픽'과 같은 알페스Real Person Slash를 이와 같은 논의에 포함시키려는 시도가 있었는데, 실존하는 남성아이돌 멤버가 팬픽 속에서 대학생, 직장인, 뱀파이어 등 다른 역할로 정체성이 전환되기 때문이다.[2]

같은 맥락으로 〈시맨틱 에러〉와 같은 BL물 역시 트랜스 아이덴티티를 전제한다고 볼 수 있다. 왜냐하면 이 작품은 전형적인 헤테로 서사(이성애 서사) 구조를 바탕으로 하는데, 여자주인공이 있어야할 자리에 남성인물을 배치함으로써 그의 정체성을 변화시키고 있기 때문이다. 학교에서 권력/인기를 거머쥐고 있는 '인싸남'이 자기 매력을 잘 모르는 귀여운 '아싸녀'에게 반하는 것은 전형적인 순정만화 문법이다. 〈시맨틱 에러〉는 이 스토리 구조를 그대로 유지한 채, '추상우'라는 잘생긴 남자에게 '아싸녀' 역할을 수행하도록 하였다.

이는 실재하는 동성애의 재현과는 거리가 멀며, 단지 수용자들의 욕망을 반영한 결과물이라고 볼 수 있다. 현실에서 만날 수 없는 굉장히 매력적인 남자들이 내가 원하는 모습으로 정체성을 전환하는 모습을 보며 즐거움을 느끼는 것이다. 또 한편으로 수용자들은

---

1 임대근, 「'트랜스 아이덴티티'의 개념과 유형: 캐릭터, 스토리텔링, 담론」,《외국문학연구》, 제62호, 한국외국어대학교 외국문학연구소, 2016, 132쪽.
2 박주연, 「팬픽의 퀴어한 진화, 퀴어페스」,《일다》, 2020.07.21.

남녀의 구분이 없어진 이 서사에서 '장재영'과 '추상우' 두 인물에게 번갈아 감정이입을 하며 스스로 정체성 전환을 경험하기도 한다. 고로 트랜스 아이덴티티는 〈시맨틱 에러〉가 지니는 중요한 형식적 특성이 된다.

2.

다음으로 살펴볼 것은 서사 속 트랜스 아이덴티티다. 〈시맨틱 에러〉에서는 '인싸'와 '아싸'라는 캐릭터 대비가 두드러지는데, 인물이 가지고 있는 강력한 정체성이 흔들리는 지점이 중요하게 다루어진다.

'아싸' 추상우는 성실하고 꼼꼼하지만 그 이면에 융통성이 부족하고 폐쇄적이라는 단점이 존재한다. 이러한 단점은 인간적이고 활달한 '인싸' 장재영을 만났을 때 부각되며, 추상우가 조금씩 자신의 정체성을 무너뜨리고 좌표를 옮겨가는 계기가 된다. 흐트러짐 없이 똑같은 스타일의 착장을 고수해오던 추상우가 실수로 옷을 거꾸로 입는 장면은 그 전환의 시작점이다. 앞뒤가 바뀐 티셔츠를 보고 '오히려 힙하다'고 칭찬하는 후배의 말에 웃음을 띠는 추상우는 자신의 강박적인 세계에서 벗어나 다른 인물로 전환해가고 있는 모습을 보여준다.

그렇다고 해서 〈시맨틱 에러〉가 인싸/아싸 간 위계를 전제하고

있는 것은 아니다. 사실 추상우는 요즘 각광받는 이른바 '너드남(아싸남, 찐따남)' 캐릭터를 그대로 구현한 인물이다. 무심한 체크무늬 셔츠, 명석한 두뇌, 게임 개발자, 사람들과 어울리는 것을 즐기지 않는 성격. 이 모든 것은 너드남을 구성하는 모에 요소다. 뛰어난 장점이 있음에도 불구하고 자신이 가진 매력을 잘 알지 못해 겸손하기까지한 너드남은 여성들의 새로운 이상형으로 꼽힌다. 〈시맨틱 에러〉에서는 '아싸' 추상우의 너드스러운 매력을 극대화하여 연출한다.

'인싸' 장재영 역시 장단점을 동시에 갖고 있다. 극이 진행되면서 장재영의 즉흥적이고 무책임한 성격이 조금씩 다듬어지는데, 상대방의 속도에 맞추어 조심스럽게 다가가려 하거나, 어지러운 주변 환경을 정리하고, 마감기간을 지키려고 하는 노력 등이 여기 해당한다. 여러 여자들과의 단발성 연애를 반복하던 과거사는 추상우와의 만남이 그에게 분명한 변화를 가져왔다는 것을 알려준다. 이는 각자 장단점을 가진 두 유형의 인물들이 서로 경계를 허물고 정체성 변화를 시도하는 모습을 보여주는 것이다.

최근 젊은 층 사이에서 MBTI가 유행하는 현상도 이와 연결 지어볼 수 있다. 코로나 팬데믹의 시작과 함께 유행한 MBTI는 타인과의 상호작용이 부족한 상황에서 '나'라는 존재를 규정짓고 이해하고자 하는 시도라고 볼 수 있다. 인싸/아싸의 구분도 마찬가지다. 사람들은 스스로 어떤 범주에 속하는 인간인지 알고 정체성을 확립하고자 한다. 그러는 한편, 이러한 구분 짓기는 자신의 결핍을 명확히 인식하게 하며, 다른 유형의 인간에 대한 호기심을 불러일으켜 정체성 전환의 욕구를 갖게 한다. '도둑맞은 아싸' 밈에서 알 수 있듯이 '인싸'들의 인기가 부러움의 대상이 되는 만큼, '아싸'들의 고독함을 탐내는 사람도 있다는 것이다. 요즘 젊은 층은 자기정체성을 공고히 하려는 만큼, 타인의 삶을 들여다보고 경험하고자 하는 욕구가 강하다.

〈시맨틱 에러〉의 첫 번째 에피소드에 등장하는 필수교양 과목의 제목은 '인성'이다. 조별과제에 무임승차하는 조원들과, 사정도 들어보지 않은 채 발표 명단에서 이름을 빼 졸업예정자의 진로를 바꿔버리는 조장 중 인성이 더 나쁜 사람은 누구일까. 사실 요즘처럼 개인화된 사회에서 타인의 책임을 떠맡는 것에 너그러운 사람은 드물다. 이전 세대에 비해 요즘 대학생들이 '팀플 빌런'에 더 민감하고, 높은 윤리적 잣대를 들이대는 이유도 여기에 있다. 그러나 드라마에서는 무책임한 조원만큼 무자비한 조장에게도 변화의 여지가 있다고 본다. 두 번째 에피소드에 등장하는 프랑스어 수업에서 '파트너와 자연스럽게 대화하기' 미션이 떨어지는 것은 추상우에게 다른 사람의 세계를 이해하고 자기 정체성을 변화시킬 기회를 주는 것으로 이해할 수 있다.

　모든 인간의 궁극적 욕망은 자신의 정체성을 바꾸는 것이라고 한다.[3] 내가 어떤 사람인지 알고, 다른 사람이 되어볼 용기를 내는 것. 그것은 한편으로 세상과 소통하고 나를 자라게 하는 것이기도 하다. 〈시맨틱 에러〉가 로맨스물일 뿐 아니라 자신만의 세계에서 갇혀 있던 젊은이의 성장 서사이기도 한 이유가 거기에 있다.

3　임대근, 앞의 글, 143쪽.

김 세 연 dlwp822@hanmail.net

미디어비평가. 동국대학교 문예창작학과를 졸업하고 국어국문학과 박사과정을 수료했으며, 소설집 『홀리데이 컬렉션』이 있다. 현재 동국대 다르마칼리지에서 강의를 하고 있다.

안나

CP 안혜연, 김성한

프로듀서 우세진

연출 이주영

출연 배수지, 정은채, 김준한, 박예영 외

극본 이주영

원작 정한아 장편소설 『친밀한 이방인』

음악 데빈

제작 이윤걸

제작사 컨텐츠맵

방송기간 6부작 2022년 6월 24일 ~ 2022년 7월 9일

이주영 작가
Lee Zoo-young

대한민국의 영화 감독. 한국예술종합학교 전문사 영화과를 졸업했다.

2010년 〈주차를 위한 낯선공간〉(단편)

2011년 〈나의 오른쪽, 당신의 왼쪽〉(단편)

2014년 〈싱글라이더〉

2022년 〈안나〉(드라마)

항상 그랬어요. 난 마음 먹은 건 다 해요.
-유미 대사 中

자기가 그렇게 대단한 사람이 아니라는 거를 빨리 깨달을
수록 인생이 편한데, 난 그게 잘 안돼.
-지원 선배 대사 中

나이들면 사회적 지위가 있어야 한다니까. 교수, 의사, 변
호사 그런 타이틀이 왜 중요한지 늙어보면 알아요. 나이들
어서 대접받으려면 돈이 있든, 명예가 있든.
-학과장 대사 中

그렇구나 하면서 보면 막 그래보여.
-지원선배 대사 中

열심히 살면 그만큼 보답받는다는 보장이 없는데, 게으르
면 또 반드시 대가를 치르게 되더라고.
-지원 선배 대사 中

'어쩌다 이렇게 됐을까'가 아니라 '앞으로 어떻게 하느냐'
그게 문제지
-지원 선배 대사 中

내가 불행하면 자꾸 타인에게 관심이 생긴다? 나도 옛날에
남들 때문에 불행했는데, 이제 기회를 노리지 행운을 믿지
는 않아. 남 생각하지 마 오직 너만 생각해.
-안나 대사 中

유미야 세상엔 돈으로 안되는게 없는데 만약 안되는게 있
다면 혹시 돈이 부족해서가 아닐까 생각해 보자.
-이현주 대사 中

사람은 혼자 보는 일기장에도 거짓말을 씁니다.
-유미 대사 中

무시에서 인정까지

─〈안나〉

정재형(영화평론가, 동국대 명예교수)

1. 나를 무시하지 마

'나를 무시하면 어떻게 되는지 똑똑히 보여줄게.' 드라마는 그렇게 말하는 것 같다. 〈더 글로리〉의 예고편처럼 보인다. 〈안나〉의 주인공 유미가 최초로 '빡친' 이유는 가정 환경 때문이었다. 양복점 하는 아버지의 가난과 말을 듣지도 하지도 못하는 농인 어머니를 비웃는 같은 반 아이의 농지껄이. 유미는 그때부터 자신을 비하하는 그 어떤 세력과도 타협하지 않기로 작정한다.

　그녀를 무시한 것은 단지 개인만이 아니다. 유미는 고등학교 때 음악선생을 사랑했다. 들통이 나자 음악선생은 유미에게 책임을 뒤

집어씌운 채 뺑소니쳤다. 비겁한 놈! 학생을 보호해야 할 학교와 선생들 역시 유미를 나쁜 년으로 몰아 다른 학교로 전학시켰다. 한국 사회는 약육강식의 썩어빠진 관습이 마치 법처럼 작용한다. 약자를 보호하는 데라곤 가난한 집구석밖에 없다.

본격적으로 철저히 머리부터 발끝까지, 아니 어쩌면 오장육부 내장까지 송두리째 무시당한 사건은 기획사 마레에서 직원으로 일할 때이다. 마레는 원래 부동산 부잣집인데 남대문에서 싸게 물건을 떼다가 수십 배 높게 가격을 쳐서 고급으로 팔아넘기는 수상한 업체이다. 고급문화의 껍데기 허영심을 이용하는 사기꾼 같은 냄새를 풍기는 곳. 어느 날 유미가 엄마를 보려고 하루 휴가를 내겠다고 하자 사장은 심한 욕지거리를 퍼붓는다. "게으르고 멍청한데 남들 하는 대로 다 하고 싶어 하는 게 너희들 문제야." 유미는 자신이 이렇게 무시당하는 이유가 오로지 대학졸업장이 없기 때문이라고 판단한다. 대체 우리 사회의 이런 인간들은 왜 이리 거만하고 꽝인 인격의 소유자들일까. 자신들이 부를 소유하고 있다는 점에서 가난한 약자들을 분리하고 경계한다. 점점 기어오르면 언제가 내가 움켜쥔 부를 빼앗아 버릴지 모르니까. 아예 사전에 야코를 죽여버리자는 심산.

하지만 인간은 평등하지 않은가. 아무리 학력이 낮다고 사람을 이렇게 무시하면 되나. 학력이 곧 인격은 아니지 않나. 학력을 중시하는 이런 풍조는 조선시대의 양반, 상놈의 전통으로까지 올라갈

정도로 뿌리 깊다. 현대인의 머릿속에도 이런 차별의식이 은연중 자리잡고 있다. 자존심에 상처를 입은 유미는 부글부글 끓는다. 때 맞춰 불덩이를 던져 폭발시킨 건 외동딸 현주. 그녀야말로 '왕싸가 지'의 극치다. 부모의 재산만 갉아먹으며 무위도식하는 재수대가리 공주. 여권이 만료되자 그 심부름을 유미에게 시키며 뒤통수에 대고 들으란 듯 떠들어댄다. "지가 알아서 못하나. 정말 짜증나." 대학을 나오지 않았다는 이유 하나로 하녀처럼 사람을 부리는 인격모독의 절정에서 마침내 유미는 대폭발한다.

2. 거짓의 왕국

모욕과 무시에 맞서 유미가 택한 전투방식은 현주의 미국학위를 슬쩍 하는 거다. 유미의 앞을 가로막은 장벽은 학력주의이므로 대학졸업장만 있으면 살길을 찾을 수 있다. 애당초 사기를 치려고 작정했던 건 아니다. 실망시켜 드리기 싫어 아버지에게 대학에 합격했다고 엉겁결에 거짓말하면서 시작되었다. 현주의 미국졸업장을 이용하기로 한 것도 회사에서 받은 모욕을 되갚아주자는 분노에서 우연발생적으로 떠오른 생각이었다.

유미는 약과다. 정말 악질적으로 사기를 쳐온 인물들이 있다. 업체를 운영하다 시장, 대선의 꿈을 키우는 최지훈이다. 그는 결혼하고 애가 있는 것도 숨기고 유미와 결혼했다. 심지어 전처를 살해한 사실도 숨겼다. 우리는 사회의 엄청나게 많은 가짜를 만난다. 말로는 정의를 외치는 정치인들이 알고 보면 끼리끼리 담합을 하고 거짓말을 밥 먹듯 하면서 실리를 추구한다.

가난의 복수를 위해 출발했지만 비뚤어진 최지훈의 인생. 최지훈은 유미를 포장해서 선거에 이용한다. 유미가 장학재단을 운영하게 한다. 모두가 허상, 거짓, 연기다, 드라마는 특히 정치인과 정치판의 가식의 세계를 집중하라고 말한다. 지금 이 시간에도 정치인들은 권력을 얻기 위해 거짓말하고 연기한다는 생각을 하게 한다.

안나라는 이름이 왜 제목으로까지 오르게 된 것일까. 안나, 그녀는 이현주다. 알고보면 이현주는 가짜다. 그녀의 졸업장은 돈으로 산 가짜였다. 현주가 미국에서 살았던 안나 역시 가짜였다. 유미는 안나의 이름과 졸업장으로 사회적 인정을 받았으나 알고 보니 가짜였다. 이 정도 되고 보면 이 세상에 믿을 것은 아무 것도 없다. 안나, 이현주도 가짜였고, 그 가짜를 팔아 출세했던 유미도 가짜였고, 가짜 부모를 내세워 가짜 결혼했던 남편 지훈도 가짜였다. 지원과 죽은 유미의 부모 빼고 사회에서 활동하는 주요 인물들이 다 가짜였다. 오, 놀라워라. 이 새삼스런 가짜 왕국의 진실을 밝히기 위해 드라마 〈안나〉는 가짜 인물의 이름 안나를 제목으로 한 것인가.

진짜와 가짜는 무엇인가? 진실과 거짓말의 경계는? 이 드라마의 키워드는 거짓말이다. 거짓말은 사회적이든 사적이든 올바르지 않은 행위이다. 하지만 〈안나〉는 그 말뜻을 재정의하고 싶어 한다. 과

연 거짓말은 무조건 나쁜 것인가. 예외는 있다. 선의의 거짓말이다. 좋은 뜻으로 하는 거짓말이다. 드라마는 유미의 거짓말이 나쁜 거짓말인지, 선의의 거짓말인지 시청자들에게 판단케 한다. 예를 들어, 유미를 배신한 음악선생의 거짓말은 나쁘다. 지훈의 거짓은 나쁘다. 하지만 유미는?

유미는 누구나 사람은 거짓말을 한다고 자신있게 말한다. 비 올 때 이사가면 잘산다는 말은 거짓말이다. 비 오면 사람들이 이사를 안가니까. 고진감래, 괴로움이 끝나면 기쁨이 온다. 이렇게 말 안 하면 힘들어서 노력 안 한다. 가을은 독서의 계절. 가을에 책이 안 팔려서 나온 거짓말이다. 다 착한 거짓말들이다. 착한 거짓말은 희망과 연결된다. 희망고문이란 말도 있다. 희망이 반드시 희망적이지만은 않다는 말이다. 고로 희망은 일종의 착한 거짓말이다.

"희망이란 있다고도 할 수 없고, 없다고도 할 수 없다. 그것은 마치 땅 위에 난 길과 같다. 본래 땅 위에는 길이 없었다. 한 사람이 먼저 가고 걸어가는 사람이 많아지면 그것이 곧 길이 되는 것이다." 루신의 소설 『고향』에 나오는 말이다.

3. 거짓의 대안, 인정, 사랑과 연대

드라마는 무시에서 벗어나 인정을 받으려는 노력으로 나아간다. 유미와 지원 두 인물의 행동방식이 두드러진다. 유미는 자신을 무시

했던 사회를 거짓으로 재무시하면서 자신의 지위를 인정받는다. 지원은 비리를 고발하고 저항하는 방식으로 무시하는 태도를 교정하려 했다. 그녀는 투사의 이미지로 인정받는다. 유미와 지원은 서로의 입장에서 대립된다. 지원의 입장에서 거짓으로 인정받는 유미나 지훈은 적이다. 그러나 유미와 지훈은 근본적으로 다르다.

유미는 거짓으로 포장했을지언정 타자를 해치지 않는다. 유미가 얻고자 한 것은 인정이지 남을 해치지 않는다. 유미의 거짓은 실존이지만 지훈의 목적은 권력. 그는 거짓을 통해 권력을 얻고 그 권력으로 타자를 지배한다. 지훈의 대상은 타자지만 유미의 대상은 자아 속에 숨겨진 또 다른 자아이다. 그녀의 현재 자아는 두 갈래로 나뉜다. '주격으로서의 나'와 '목적격으로서의 나'. 주격으로서의 나는 진정한 자신이고 목적격으로서의 나는 사회에서 인정받는 나이다. 목적격-나는 자신이 허위와 사기로 형성되어 있는 모습에서 참을 수 없는 존재의 가벼움을 느끼고 구토한다. 그 점이 지훈과의 차이점이다. 지훈은 오로지 도구로 전락한 목적격-자아에 주저앉아 폭락해버리고 파멸해 버린 슬픈 현대인이다.

유미의 주격-나에 대한 목적격-나의 반발은 지원을 통해 드러난다. 마지막에 유미는 지원에게 지훈을 몰락시킬 모든 자료를 넘긴다. 지원은 "아무도 자신의 이름을 부르지 않았을 때 불러준 사람", 즉 유미가 사랑한 대상이며 연대세력이다. 껍데기인 자신, 목

적격-나에 안주하지 않고 지원 안에 위치시킨다. 사랑이란 자신을 버리고 타자의 내면에 거주하는 것이다. 그렇게 목적격-나를 비워냄으로써 환멸스런 거짓의 왕국에서 탈주한다. 이렇게 비워진 유미는 지훈과는 전혀 다른 자아임을 증명한다. 유미는 주격-나, 즉 거짓말 하지 않는 진정 아름다운 자기를 쫓으려 미국에서 캐나다까지 길을 떠난다. 그가 마주한 마지막 장면은 불명이다. 우리 모두에게 불명의 질문은 이런 것이다. 〈나의 아저씨〉의 지안이 종국엔 평안(안)에 도달(지)했듯이, 〈안나〉의 유미는 마침내 오롯한(유) 아름다움(미)에 도달했는가?

정 재 형 zeit4@naver.com
동국대 명예교수, 한국영상문화학회 회장, 예술의전당 예술영화강좌, 광주독립영화관 실험영화입문강좌 진행. 《이데일리》《경기일보》《조선일보》《한겨레》《주간조선》《교수신문》 등 영화평, 칼럼 연재. 저서 『영화이해의 길잡이』『정재형교수의 영화강의』『MT영화학』『유현목』『뉴 시네마 감독론』『북한영화에 대해 알고 싶은 다섯가지』『차학경예술론』『영화영상스토리텔링100』(번역) 등이 있음.

우리들의 블루스

CP 장정도
프로듀서 김성민, 김누리
연출 김규태, 이정묵, 김양희
출연 이병헌, 신민아, 차승원, 이정은, 한지민, 김우빈, 엄정화 외
극본 노희경
음악 최성권, 김지수
제작 이동규
제작사 지티스트
방송기간 20부작 2022년 4월 9일 ~ 2022년 6월 12일

노희경 작가
Noh Hee-Kyeong

1995년 드라마 공모전에 〈세리와 수지〉가 당선되면서 작가의 길로 들어섰다. 이듬해 단편 〈엄마의 치자꽃〉으로 방송 데뷔를 했고 2개월 뒤 데뷔작 〈세리와 수지〉도 전파를 탔다. 〈세상에서 가장 아름다운 이별〉과 〈거짓말〉을 통해 마니아층을 거느린 젊은 작가로 급부상한 뒤 〈내가 사는 이유〉 〈바보 같은 사랑〉 〈꽃보다 아름다워〉 〈굿바이 솔로〉 〈그들이 사는 세상〉 〈빠담빠담〉 〈그와 그녀의 심장 박동 소리〉 〈그 겨울, 바람이 분다〉 〈괜찮아 사랑이야〉 〈디어 마이 프렌드〉 등 거의 매해 굵직굵직한 작품을 발표했다. 에세이집 『지금 사랑하지 않는 자, 모두 유죄』를 펴냈으며, 대본집 『그들이 사는 세상』 『거짓말』 『굿바이 솔로』 『그 겨울, 바람이 분다』 『괜찮아 사랑이야』로 '읽는 드라마'라는 장르를 개척했다. 20년간 변함없이 "사람이 전부다."라는 인생철학을 드라마에 투영해오며 노희경만의 독보적인 작가 세계를 구축했다.

여전하네 자식들. 늙어도 하나도 안 변했네.
- 1화 오랜만에 고향 친구들을 본 최한수 대사 中

니들 볼 면목이 없었어. 넌 호식이 한 사람한테만 배신자겠지
만, 난.. 울 어멍, 동생 한영이, 한숙이, 가족들 부탁하고 돌아
가신 울 아방한테까지… 어쩜… 너희 친구들한테까지… 영원
한 배신자야. 미안하다. 다들 날 엄청 믿었을 건데…
- 3화 최한수가 정은희에게 대사 中

선생님 하지 마세요! 애기 심장소리 안 들을래요! 무서워요!
현아 나 무서워! 애기 심장소리 안 들을래요! 안 듣고 싶어요!
선생님 제발 안 들을래요!
- 5화 아기 심장뛰는 소리를 처음들은 방영주가 울며

살면서… 뭐든 다 니 뜻대로 되는건 아니라. 그게 인생이라.
- 8화 운동장에서 방영주와 대화하는 방호식 대사 中

의리!!
- 12화 미란과 은희

우리 우정, 쓰레기통에 버려도, 맘이 안 편해서 왔다게 새끼야.
- 14화 은희 대사 中

야, 네가 행복을 아냐?
서로 보고 히~ 웃는 거.
- 17화 이영옥이 행복이 뭔지 아냐고 묻자, 손은기의 대답

사랑한단 말도, 미안하다는 말도 없이, 내 어머니 강옥동 씨
가, 내가 좋아했던 된장찌개 한 사발을 끓여놓고, 처음 왔던
그 곳으로 돌아가셨다. 죽은 어머니를 안고 울며, 난 그제서야
알았다. 난 평생, 어머니 이 사람을 미워했던 게 아니라, 이렇
게 안고 화해하고 싶었다는 걸. 난 내 어머닐 이렇게 오래 안
고, 지금처럼 실컷 울고 싶었다는 걸.
- 20화 동석 대사 中

당신이 원하는 이야기를 해 드릴게요

– 〈우리들의 블루스〉

구선경(드라마 작가)

드라마 작가 지망생들에게 어떤 드라마를 쓰고 싶은지 물으면 가장 많이 들을 수 있는 답이 '사람들에게 위로를 주는 드라마를 쓰고 싶다'라는 것이다. 드라마를 공부하기 위해 모인 자리에서 학생으로서 답해야 하는 질문이기에 다분히 자리와 상황을 의식한 답이긴 할 것이다. 하지만 그런 자기검열을 감안하더라도 그 말은 사실이다. 분명 진정성이 있는 대답이다. 왜냐하면 많은 경우, 본인의 경험에서 우러난 답이기 때문이다.

드라마에 조금이라도 취미를 가지고 있는 사람이라면 한 번쯤 드라마를 보면서 울어본 기억이 없는 사람은 없다. 코끝이 찡한 정도였을 수도 있고 오열하듯 펑펑 울었을 수도 있고 개인의 성격과 상황에 따라 다르겠지만 어쨌든 마음이 건드려진 기억들이 있다. 그래서 나도 그걸 하고 싶어져서, 남들의 마음을 그렇게 깊이 건드려보고 싶어져서 드라마를 쓰고 싶어진 거다. 그때 나를 건드린 그 드라마가 참 좋았고 흐뭇했고 어떤 때는 불특정 다수를 위한 상품에 불과한 그 드라마가 누구보다도 무엇보다도 나를 크게 위로한 순간도 있었기에 드라마가 좋아진 거다.

그러니 누군가를 위로하는, 힐링을 주는 드라마는 그 자체만으로 충분히 본분을 다한 드라마다. 〈우리들의 블루스〉는 그런 드라마였다. 위로를 주고 힐링을 주고 마지막에 따뜻하게 미소 지으며 TV를 끄고 잠들 수 있게 해준 드라마였다.

현재, 이곳, 우리의 이야기

〈우리들의 블루스〉는 제목 그대로 우리들의 이야기를 소재로 한다. 첫 에피소드는 한수와 은희의 이야기다. 은행 지점장인 한수는 미국으로 골프 유학을 떠난 딸을 뒷바라지하느라 퇴직금 중간 정산에 아파트까지 팔고 작은 원룸에서 라면으로 대충 끼니를 때우며 버티고 있다. 딸의 성공을 위해서는 아직도 몇억은 넘는 돈이 더 들어가야 할 판이고 주변에는 이미 손을 다 벌려 더 이상 돈 빌릴 데도 없는 참으로 한숨 나오는 처지다. 고교 시절 한수를 짝사랑했던 은희는 지금은 고향인 제주 푸릉에서 현금만 12억이 넘게 보유하고 있는, 부동산에 사업에 모든 게 잘되어가고 있는 자산가다. 한수는 그런 은희가 아직도 자신에게 호감을 느끼고 있음을 확인하고 은희의 마음을 이용해 돈을 빌려볼 생각을 한다.

기러기아빠, 중년의 동창회, 그곳에서 생기는 부적절한 만남 등이 기본 소재이지만 이야기는 뻔하게 불륜이나 파국으로 나아가지 않고 적절한 선에서 우정이라는 이름을 지키며 마무리된다. 개인적으로는 그 과정에서 부양의 의무에 허덕이다가 뒤늦게 자신의 파릇하던 10대를 돌아보는 중년 남자의 쓸쓸하고 위험한 내면과, 일에 몰두해 살아오느라 그 흔한 고급 호텔 한 번 못 와본 40대 처녀 가장의 허허로움이 인상적으로 다가왔다.

영주와 현은 전교 1, 2등을 다투는 학교의 모범생들인데 사귀는 사이였고 결국 '두 번밖에 안 했고 피임까지 했는데도 억울'하게 임신을 한다. 답답한 시골 푸릉을 떠나려던 영주의 계획은 무산되고 이미 오랜 앙숙이었던 양쪽 아버지들의 갈등까지 더해져서 온 마을을 떠들썩하게 만든다. 예능의 아이템으로도 다뤄질 정도로 있을 수 있는 일이 된 10대 고교생의 임신과 출산이 소재로 녹여져 있다.

영옥과 정준의 에피소드에서 이들의 연애에 걸림돌이 되는 것은 영옥의 언니 영희가 장애를 갖고 있다는 사실이다. 아직도 사회적 약자에 대한 지원과 보호, 인식마저 부족한 우리나라 현실에서 가족 중에 장애인이 있다는 것은 구성원 모두에게 부담이다. 다른 가족 하나가 온전히 그를 위해 희생하고 부양해야 하는 경우가 흔하고 이는 영옥에게도 마찬가지다. 언니의 존재를 밝히는 순간 연애가, 결혼이 파투났던 경험 때문에 언니의 존재를 밝히기를 꺼리고 다가오는 사랑에 마음을 다하지도 못한다.

동석과 선아의 이야기에서는 선아의 우울증을 주요한 소재로 다루고 있다. 다른 드라마에서 주로 우울증이 인물이 극단적 선택을 하는 계기가 된다거나, 문제 행동의 원인으로 제시되는 식으로 '이용'되기만 했다면, 여기서는 우울증의 발현, 진행과 영향, 그리고 치유에 이르기까지 찬찬히 짚어가며 드라마를 진행하게 한다.

느슨한 옴니버스 형태를 가진 이 드라마는 모든 에피소드가 2022년 대한민국에서 살아가는 사람들이 내 이야기, 내 주변의 이야기로 공감할 수 있는, 그리고 사회면에서 익숙하게 보아온 문제들을 소재로 삼고 있다.

여전히, 그리고 언제나 유효할 한국적인 휴먼 드라마의 힘

이러한 소재들은 작가 특유의 따뜻하고 끈적거리는 스토리로 풀려나간다. 딸의 유학비가 절실해서 옛 동창을 이용해볼 생각까지 했던 한수지만 선은 넘지 않는다. 결국 친구들과의 우정도 확인하고, 골프를 포기하고 한국으로 돌아온 딸과 아내를 두 팔로 감싸 안으며 그의 가족은 위기를 넘긴다.

영주와 현은 아이를 낳아 기르기로 하고 이를 위해 십수 년 동안 반목해온 아버지들은 극적인 화해와 함께 아이들 뒷바라지를 하기로 하고 극적으로 화해한다. 동네 할머니들도 진심으로 아이들을 아끼며 둘의 든든한 지원군이 되어줄 모양새다. 영옥의 언니 역시 이 마을에 들어서는 순간 어떤 차별도 색안경 낀 시선도 받지 않으며 그냥 내 이웃 중의 하나가 되어 같이 젠가를 쓰러뜨리고 맥주를 마시며 어울린다.

대한민국 최고 배우임에 누구도 이의를 제기하지 않을 김혜자와 이병헌 배우의 연기로 크게 화제가 되었던 옥동과 동석 모자의 이야기는 더할 나위가 없다. 불치병에 걸린 어머니, 오랫동안 그 어머니를 미워했던 아들. 어머니는 한라산에 꼭 한번 가 보고 싶어 하지만 병이 깊어 올라갈 수가 없고, 결국 눈을 감은 어머니를 안고 아들은 후회의 눈물을 쏟아낸다. 이렇게 적은 줄거리로만 보면 너무나 클리셰적인 장면이다. 하지만 시청자들은 때로 그 클리셰를 원할 때가 있고 그게 바로, 이 순간이었으며 두 배우의 열연으로 모두의 기대에 부응한 회차가 되었다.

소재가 같아도 어떻게 다루느냐에 따라 이야기는 수많은 변주가 가능하다. 이 드라마가 택한 것은 휴먼드라마라는 정체성이다. 특히, 한국적인 휴먼드라마다. 우리는 무엇보다 가족이 소중한데 가족을 품는 것은 논리와 합리로는 불가능하다. 그래서 따지지 않고 용서하고 덮어놓고 다독여주는, '정'으로 표현되는 포용의 자세가 필요해진다. 그러한 가족애가 푸릉이라는 공동체 전체에 발현되면서 드라마는 따뜻하고 끈적거리는 인간애를 가진 휴먼드라마가 되었다.

강력한 판타지가 보장하는 대중성이라는 미덕

공감 가는 소재로 따뜻한 휴먼드라마로 완성된 〈우리들의 블루스〉는 사실 다분히 판타지다. 현실에서는 장애인 언니를 가진 영옥이 정준과 해피엔딩으로 가기 쉽지 않다. 둘은 사랑한다 해도 주변의 반대와 걱정이 많을 것이고 언니를 돌보는 일은 계속 녹록지 않을 것이며 새로운 문제들이 생겨날 공산이 크다. 영주와 현은 지금은 영주가 공부를 하고, 아이를 낳고 키운 후에 현이 진학하겠다고 약속했지만, 그 계획이 지켜질지는 미지수다. 무엇보다 이 드라마에서 두 고등학생은 부모들보다 더 성숙하고 강건한 태도를 보여준다. 10대 당사자들이 이만큼만 현명하고 강단이 있다면 어쩌면 문제의 절반은 해결된 셈이다.

'친구니까' 이해하고 '의리'를 외치며 모든 갈등을 넘어서는 한수-은희, 은희-미란의 관계는 현실에서라면 글쎄, 고개가 갸웃거려진다. 은희가 조금만 더 자아가 강한 사람이라면 한수가 준 상처가 쉽게 잊힐 수 있을까. 여자친구들 사이에서 미묘하게 벌어질 수 있는 세세한 감정의 진폭들이 여기서는 우정과 의리라는 이름으로 봉합되는 것도 개인적으로는 아쉬움이 있었다.

과연 현실에서 저럴까, 저럴 수 있을까? 라고 생각되는 지점들이 바로 이 드라마가 지향하는 바를 보여준다. 〈우리들의 블루스〉는 사람들이 보고 싶어 하는 이야기를 한다. 우정은 지켜지기를, 위태로운 우울증 환자는 잘 치유되기를, 오랫동안 비껴가기만 했던 남녀의 인연은 뒤늦게라도 이어져 서로의 아픔을 보듬게 되기를, 나이 마흔이 넘도록 어머니를 원망했던 아들이 진심으로 반성하고 또 위로받기를, 우리가 마음으로 바라는 그 방향으로 이야기는 흘러간다. 시청자가 안심하고 받아들일 수 있는 결말, 현실로 보면 판타지에 가까운 결말이지만 그래서 편안한 대중성을 확보하게 된다.

대중적이되 뻔하지 않을 수 있었던 것에 스타급 배우들의 힘이 컸던 것이 사실이다. 역으로 그러한 배우들이 모일 수 있었던 것이 연출과 작가의 능력의 반증이기도 할 것이다. 따뜻하게 시청자를 위로한 대중적인 웰메이드 드라마, 〈우리들의 블루스〉다.

구 선 경 abreak39@naver.com

드라마 작가. 현재 작가협회 교육원과 대학에서 드라마와 스토리텔링을 강의하고 있다. 〈옥탑방 고양이〉 〈오 마이레이디〉 등 집필

재벌집 막내아들

CP 안현숙, 이예슬
프로듀서 이윤정, 김우현, 김보름, 지민경, 나범수, 방진호
연출 정다윤, 김상호
출연 송중기, 이성민, 신현빈 외
극본 김태희, 장은재
원작 산경 웹소설 『재벌집 막내아들』
음악 전창엽
제작 김동래, 박성은
제작사 SLL / 래몽래인
방송기간 16부작 2022년 11월 18일 ～ 2022년 12월 25일

김태희 작가
Kim Tae-hee

대학 시절 광고 회사 AE 및 대기업 행사, 각종 파티 기획 및 연출가로 일하다 우연히 방송계에 발을 들여놓았다. 그런 후 예능 버라이어티 프로그램 방송작가 생활을 시작해 2003년 4월 SBS 〈학교전설〉을 시작으로 2004년 5월부터는 MBC 〈일요일 일요일 밤에〉, 2005년 6월부터는 〈강력 추천 토요일〉, 2006년 8월부터는 MBC 〈무한도전〉 프로그램에 참여하였다. 미국 중앙방송에서 〈김태희의 파자마파티〉란 프로그램 DJ로 6-7개월 간 활동하였다. 2008년 소설 『쇼를 하라』를, 2009년 3월 『SO HOT 캘리포니아』를 집필하였다. 올리브TV 〈코코앤마크〉, 패션N 〈스타일 배틀 로얄 Top CEO〉 등 패션 프로그램 메인 작가로도 활동하였다.

자존심은 그 모든 걸 버릴 수 있는 사람들이나 부리는 사
치야.
- 1회 진영기 대사 中

국내? 1위? 국내 1위? 니 어디 전국체전 나가나?
- 2회 진양철 대사 中

고래 싸움에 새우 등 터지지 않게, 내 새우 몸집 한 번 키워
볼라카는데?
얼마나 많은 시간이 걸리든, 얼마나 많은 돈을 쏟아붓든!
내 새우 한 번 키워 볼란다, 고래 맹키로.
- 2회 진양철 대사 中

여, 서울 법대 수석 입학한 우리 막내 손주가 그카대?
끝날 때까지 끝난 게 아이다.
- 4회 진양철 대사 中

도준이, 니… 내가 우에 이 자리까지 왔는지 아나? 내한테
반기 드는 위인은 내 용서한 적이 없다.
- 4회 진양철 대사 中

순양을 살 생각입니다. 제 돈으로...
- 7회 진도준 대사 中

세상이 당신한테만 그렇게 친절할 리 없잖아.
- 8회 진성준 대사 中

오늘부로 우리 순양의 장자 승계 원칙은 없다.
- 8회 진양철 대사 中

내가 제일로 사랑하는 자식이 누군지, 니 모르나?
순양이다.
- 8회 진양철 대사 中

도준이, 내 손자다. 낼 젤로 마이 닮은 내 손자
- 13회 진양철 대사 中

현실과 판타지의 적절한 균형을 찾아서

– 〈재벌집 막내아들〉

김민정(드라마평론가, 중앙대 교수)

드라마는 픽션이다. 정확히는 현실에 있을 법한 허구의 세계를 다룬 픽션이다. 드라마는 현실에 기반하되 현실에는 없는, 그래서 대중들이 보고 싶어 하고 듣고 싶어 하는 것, 그러니까 대중들이 원하는 것을 보여줘야 한다. 그런 의미에서 모든 드라마는 현실과 판타지 사이에서 적절한 균형을 찾기 위해 부단히 노력한다.

2022년 최고의 화제작 〈재벌집 막내아들〉은 한국 드라마의 최신 트렌드인 '사적 복수'와 웹툰과 웹소설의 흥행 공식인 '회귀 서사'를 전면에 내세워 드라마의 환상성을 극대화하는 전략으로 대중들의 마음을 빠르게 사로잡는다. 최근 한국 드라마에서 유행했던 다크 히어로물은 주인공이 복수를 위해 절치부심하는 과정을 다루지만 회귀물과 결합한 사적 복수는 그런 지난한 노력의 과정 없이 다시 태어나는 방식으로 복수를 감행한다. 때문에 서사 속도가 더 빠르고, 보는 사람에게는 더 큰 통쾌함을 선사한다.

하지만 죽은 사람이 다시 태어나고 한 사람이 두 사람의 인생을 산다는 설정은 서사적 개연성 측면에서 시청자의 몰입감을 떨어트리는 위험 요소임이 분명하다. 드라마 〈펜트하우스〉(2021)의 경우, 극 중 주요 인물들이 연이어 사망하고, 그 죽은 사람들이 다른 사람인 냥 다시 살아 돌아와 이야기를 이어나가는 인위적인 서사 전개로 많은 비난을 받았다.

그렇다면 〈재벌집 막내아들〉은 현실과 판타지의 적절한 균형값을 어떻게 맞춘 것일까. 〈재벌집 막내아들〉은 캐릭터의 판타지성을 부각시켜 방송 3회 만에 시청률 10%대를 돌파하는 한편 드라마에 내재한 '현실 감각'을 강화하는 전략을 통해 작품 자체의 내적 완결성을 높인다. 그 결과, 최고 시청률 26.9%로 JTBC의 역대 드라마 시청률 중 2위를 기록하였고 세계적인 흥행에도 성공하였다.

〈재벌집 막내아들〉과 네 가지 현실 감각

1. 시대 감각

드라마 초반, 시청자의 시선을 사로잡은 것은 주인공 윤현우가 아니라 진양철 회장이다. 〈재벌집 막내아들〉의 주요 배경은 순양 그룹으로 극 중 진양철 회장은 한국의 근현대사를 관통하는 굴곡진 역사의 흐름 안에서 뚝심 있게 회사를 키워온 입지적인 인물로 그려진다. YS와 DJ 단일화 결렬, KAL기 폭파사건, 분당 땅값 상승, IMF, 월드컵 4강 진출…. 드라마에 활용된 역사적 사건은 드라마와 현실의 싱크로율을 높임으로써 시청자들의 몰입감을 높이는 데 큰 역할을 담당한다.

특히 불굴의 의지로 미래를 개척해나가는 진양철 회장의 추진력은 세계적인 기업으로 성장한 한국 모 기업의 성공 스토리를 연상시키며 2022년 지금 여기의 우리에게 롤모델로 인식되기에 이른다. 코로나 팬데믹 이후, 불확실한 미래와 만성화된 절망은 우리가 사는 시대의 디폴트값이 되었다. 극 중 기업을 지키고 혁신하기 위해 자기희생을 감수하는 진양철 회장의 자본주의적 신념은 시청자들에게 강렬한 인상을 남기며 악역마저 응원하게 만드는 기묘한 매력을 발산한다.

2. 세대 감각

코로나 팬데믹 이후 미디어로서 TV의 의존도는 현저히 낮아졌다. OTT를 포함한 디지털 미디어 선호도가 큰 폭으로 상승하였으며 이는 드라마의 주요 시청자층이라고 할 수 있는 2049의 세대 감각과 긴밀하게 연결된다. '본방사수'의 시청방식은 이제 기본 설정값

이 아니다. '몰아보기'와 '다시보기', 혹은 드라마 소개 유튜브 동영상으로 '요약보기'까지 다양한 시청방식이 공존한다. 방영과 시청이라는 직선적 시간관이 해체되고 원하는 장소와 시간에서 언제든 시청이 가능한 순환적 시스템이 자리를 잡았다. 방영 당시에는 저조한 시청률 탓에 '죽은' 드라마도 '알고리즘의 신(알신)'의 간택을 받으면 화려하게 부활할 수 있는 무한 순환의 유니버스가 열린 것이다.

'이번 생은 망했다'는 의미의 '이생망'이란 말이 한때 유행한 적이 있다. 당시에는 '망했다'는 것에 주목해 MZ세대의 절망에 주목했지만 지금 이 말은 다른 의미로 해석이 가능하다. 이번 생은 망했지만 다음 생은 망하지 않을 수 있다. 웹소설과 웹툰에서 일명 '회·빙·환(회귀, 빙의, 환생)'이라고 불리는 설정이 성공 법칙으로 활용될 수 있는 배경에는 N차 인생을 너무나 자연스럽게 받아들이는 순환적 미디어 경험이 자리하고 있다. 특히 같은 플레이를 반복하는 게임 콘텐츠에 대한 경험치가 다른 세대에 비해 현저히 높은 2049세대에게 〈재벌집 막내아들〉 속 윤현우의 2차 인생은 멀티버스에 사는 또 하나의 '나'로 인식되어 이질감이 발생하지 않는다.

3. 미래 감각

드라마 속 주인공의 N차 인생은 최근 몇 년 사이 한국 드라마 속 '알고 보는 추리 서사'라는 독특한 트렌드와 결을 같이 한다. 드라마 〈어게인 마이 라이프〉(2022)는 살해를 당한 후 다시 과거로 돌아와 복수를 계획하고 실행에 옮기는 인생 2회차 복수극으로 드라마의 주요 서사가 주인공과 시청자 모두에게 이미 공유된 상황에서 진행된다. 앞으로 어떤 사건이 발생할지 다 알지만 드라마는 사실적인 실감과 함께 극적 긴장을 팽팽하게 유지한다.

중요한 것은 사연 많은 죽음이 아니라 '미래를 아는 예지력'이다. 이것이 〈아내의 유혹〉 〈펜트하우스〉로 대표되는 드라마 작가 김순옥의 '막장 부활' 세계관과 구별되는 점이다. 〈재벌집 막내아들〉에서 30대 대기업 비서팀장 윤현우는 살해당한 다음 1987년 10대 초등학생 진도준으로 다시 태어난다. 미래를 알고 있는 윤현우는 승승장구하며 기업 후계자로 등극하는 데 성공한다. 고난은 미리 피하고, 기회는 미리 잡는다. 그렇게 윤현우의 성공은 이미 결정되어 있다. 코로나 팬데믹 이후 불확실성에 대한 강한 반감 또는 트라우마가 만들어낸 이 시대의 새로운 미래 감각, 그것이 바로 '알고 보는 드라마' 속 N차 인생이 시청자에게 주는 정서적 편안함과 통쾌한 카타르시스다.

4. 계급 감각

코로나 팬데믹을 기점으로 빈부 격차가 심해지고 계급 갈등이 악화하면서 갑과 을의 이분법적인 세계관에 입각한 한국 드라마가 전 세계적인 사랑을 받고 있다. 하지만 점차 한국 드라마의 누적 시청 시간이 늘어나면서 세계 인식에도 변화의 움직임이 있다. 최근 한국 드라마에는 '갑에 의해 핍박받는 분노에 찬 을'이 아닌 '이상적인 갑이 되기 위해 고뇌하는 을'의 모습이 등장한다.

드라마 〈슈룹〉(2022)은 후궁 출신으로 서자인 아들을 왕위에 앉힌 대비와 집안 좋은 다른 후보를 제치고 세자빈이 되었던 중전, 즉 신분 사회인 조선 시대에서 신분 상승을 이루어낸 두 여성의 대립 구도를 통해 '성공한 을'의 이상적인 모습에 대해 천착한다. 비슷한 시기에 방영된 드라마 〈금수저〉(2022) 또한 극 중 금수저 이승찬과 흙수저 황태용의 삶이 여러 번 바뀌면서 그 과정에서 갑과 을의 존재론적 성찰을 유도하는 주제 의식을 다층적으로 담아낸다.

〈재벌집 막내아들〉 속 세계는 갑과 을의 이분법적 구분이 명확하지만 윤현우의 2차 인생을 통해 이상적인 갑이 되기 위해 노력하는 을의 모범 사례를 보여준다는 점에서 기존의 한국 드라마가 그려낸 평면적 세계에 입체감을 부여한다. 특히 선과 악의 중립지대에 존재하는 진양철 회장의 남다른 행보는 사회지도층의 책임과 의무에 대한 환기를 불러일으키는 효과를 발휘하며 K-드라마 속 세계관의 확장을 예고하기에 충분하다.

〈재벌집 막내아들〉 엔딩을 대하는 태도

안타깝게도 〈재벌집 막내아들〉은 마지막 회가 방영되고 나서 16부작을 정주행했던 시청자들로부터 분노와 질타의 대상이 되었다. "용두사미"라는 점잖은 혹평부터 "재벌집이 국밥집이 되었다"라는 모욕적인 비아냥까지 다양한 비난과 비판이 인터넷을 뒤덮었다. 극 중 윤현우가 진도준으로 살았던 17년의 회귀 인생이 모두 '꿈'이었 던 것으로 밝혀졌기 때문이다. 첫 화에서 납치돼 총을 맞은 윤현우 가 일주일 동안 의식불명 상태에 빠졌고, 그동안 진도준의 17년의 삶을 꿈으로 체험한 것이다.

윤현우의 2회차 인생이 한낱 꿈에 불과했다는 극적 설정은 아이 러니하게도 〈재벌집 막내아들〉의 현실 감각을 강화하기 위한 서사 전략의 일환이다. 재벌 비서가 재벌 후계자로 다시 태어나는 설정 의 허구를 스스로 부인함으로써 시청자들에게 판타지의 세계에서 엄연한 현실로 돌아갈 것을 비정하게 요구한 것이다. 판타지로 기 운 서사의 균형을 현실과 정직하게 맞추고자 한 용감한 엔딩 전략 은 불행히도 제작진(작가)이 각오한 것보다 훨씬 참혹한 결과에 직 면했다.

〈재벌집 막내아들〉 엔딩에 쏟아진 시청자들의 혹평은 그동안 드 라마를 향한 뜨거웠던 호응의 반작용이라고 할 수 있다. 방영 내내 현실감을 기반으로 판타지로 달려가는 이야기에 열광하며 쫓아온 시청자들에게 갑자기 정신 차리고 현실로 돌아가라고 한 것이다. 배신도 이런 배신이 없다. 현실은 드라마가 굳이 일깨워주지 않아 도 드라마 밖의 냉엄한 현실이 날마다 일깨워주지 않는가. 〈재벌집 막내아들〉의 엔딩에 대한 격렬한 반발은 너무나 당연한 결과였다.

그럼에도 〈재벌집 막내아들〉이 2022년 최고의 화제작이란 사실에는 변함이 없다. 해외 판권은 일찌감치 팔려 글로벌 170여 개국의 방영을 확정했고, 티빙, 넷플릭스, 디즈니 플러스 등 국내외 메이저 OTT 세 군데에 업로드되어 세계 어디서든 〈재벌집 막내아들〉을 볼 수 있다. 〈재벌집 막내아들〉이 170개국을 돌고 난 다음, 2023년 K-드라마는 윤현우의 꿈을 진도준의 현실로 바꾸기 위한 어떤 기획을 내놓을까. 드라마는 끝났다. 하지만 우리가 사는 현실은 네버엔딩 시즌제 드라마처럼 현재 진행형이다.

김 민 정 reise81@hanmail.net

중앙대 문예창작학과 교수로 재직하며 연두빛 캠퍼스물과 회색빛 오피스물 사이를 분주히 오가고 있다. 언젠가는 내 인생이 장르가 판타지로맨스코미디홈드라마가 될 거라고 굳게 믿고 있다. 2022년 중앙대학교 교육상과 제4회 르몽드 문화평론가상을 수상하였다. 현재 《쿨투라》《르몽드 디플로마티크》《크리티크 M》 편집위원과 KBS World Radio 〈김형중의 음악세상〉 고정 게스트로 활동하며 자발적 드라마 홍보대사로 열일하고 있다. 저서로 드라마 캐릭터 비평집 『드라마에 내 얼굴이 있다』 외 여러 권의 책이 있다.

지금 우리 학교는

CP 정지훈, 박순배, 임병훈

프로듀서 인다영, 이원화

연출 이재규, 김남수

출연 박지후, 윤찬영, 조이현 외

극본 천성일

원작 주동근 웹툰 「지금 우리 학교는」

음악 모그

제작 박철수, 함영훈, 손기원

제작사 JTBC스튜디오 / 김종학 프로덕션

방송기간 시즌1 12부작 2022년 1월 28일

천성일 작가

Cheon Sungil

대한민국의 드라마·영화 각본가.

2007년 영화 〈격투기 고등학교〉의 각본으로 데뷔했다. 대표작은 〈7급 공무원〉〈추노〉〈해적〉〈지금 우리 학교는〉 등이 있다. 특히 추노는 종영한 지 10년이 넘은 지금도 웰메이드 퓨전사극의 대표로 꼽히며 그의 작품 가운데 최고라는 평가를 받고 있다.

다만 지금 우리 학교는이 아쉬운 평가를 받았다는 점이 옥에 티. 그래도 전세계적인 대박에 힘입어 시즌 2가 확정되었다.

무슨 일이 있어도 포기하지 마, 절대.
- 남온조 대사 中

인간으로 죽느니 괴물이 돼서라도 살아남으라고.
- 이병찬 대사 中

야, 근데 누가 죽고 사는 문제를 이렇게 다수결로 결정하는 게 맞아? 아, 다 같이 힘을 모아서 잘못된 결정을 하면 어떡해?
- 양대수 대사 中

손 놓지 마 놓치지도 말고.
- 남온조 대사 中

오늘은 내가! 이 학교에서!! 제일 행복한 놈이다!!!!
- 이청산 대사 中

책임진다고 하지 말 걸.
- 오준영 대사 中

제발 누구 하나 희생하는 거 하지 말자.
- 남온조 대사 中

가자!… 집에 가자…!
- 오준영 대사 中

어느 날 갑자기, 그곳에서 생긴 일

- 〈지금 우리 학교는〉

최정인(영화 프로듀서, 중앙대 교수)

드라마 속 배경인 대한민국 효산시라는 가상의 도시가 경기도 어디에 위치할지, 서울에서 얼마나 가까울지 따위는 (여러 번에 걸쳐 도시의 도면이 화면에 등장했지만) 그다지 궁금하지도 중요하지도 않다. 우리는 단지 그곳에서 벌어진 일들이 어떤 혼란과 공포를 가져왔는지, 어떤 해결책으로 학생들이 그 혼돈에서 벗어날 수 있을지에 대해 가늘게 눈을 뜨고 집중할 뿐이다.

2022년 1월에 넷플릭스가 공개한 드라마 〈지금 우리 학교는〉은 동명의 웹툰을 원작으로 하고 있다. 2009년에 웹툰 연재를 시작했으니 10년도 더 훌쩍 지나 제작된 이 드라마가 적효했던 이유는 10년 전 그때나 지금이나 사회와 학교의 상황, 사람들과 학생들의 성향이 별반 달라지지 않았기 때문일지 모른다. 계층의 격차가 심화 되었고, 사다리 경쟁이 더욱 치열해졌다. 인재 사고가 여러 번 발생했으나 누구도 제대로 책임지지 않는 사회적 분위기 역시 여전하다. 학교에서 왕따와 폭력이 사라지지 않았고, 그들을 무력하게 방관하거나 쉬쉬하며 사건을 덮기에 급급한 교사들 역시 여전히 학교에 자리하고 있다.

이런 상황 속에서 드라마 속 효산고등학교에 좀비 바이러스가 퍼지고 교내에 고립된 학생들은 좀비로부터 살아남기 위해 사력을 다한다. 생존을 향한 그들에게서 이 시대를 아등바등 살아가는 우리의 모습이 보인다. 나이 불문, 직업 불문, 계급 불문, 부동산 소유

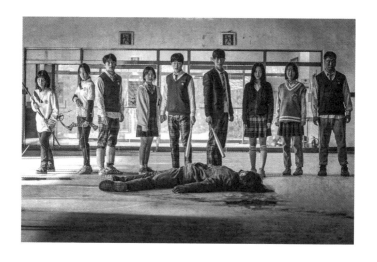

여부 등을 불문하고 말이다.

왜 하필 좀비인가?

제목 타이포그래피에서 무균질적 바이러스 이미지로, 다시 무수한 좀비들을 극부감으로 줌인하는 영상 타이틀 씬은 이 드라마의 장르와 소재를 무엇보다 명확히 짚어준다.

실상 좀비는 한국 토종이 아닌 서구에서 수입된 외래 괴물이다. 좀비는 상업적으로 성공을 거둔 영화 〈부산행〉 이후 〈창궐〉, 〈살아있다〉 등의 몇 편의 영화와 드라마 〈킹덤〉을 통해 우리에게 더욱 익숙한 괴물이 되었다. 원래 서구의 피조물인 좀비는 1960년대 말 미국 공포영화의 하위장르 소재로 출현하기 시작했다. 대개는 종교적인 것으로 대변되는 사회적, 도덕적 지배 이데올로기 또는 기존 가치 체계에 대한 반발, 신神의 영역을 넘어서고자 했던 과학의 오용誤用, 변질되어 가는 인간 심리 등에 대한 비판의 의미로 좀비 소재의 공포영화를 분석하곤 했다.

이 드라마는 영화가 지녔던 이러한 장르적 전형성과 의미를 크게 회피하지 않는다. 비록 K-좀비로서 서구의 것과는 여러 특성이 달라졌을지언정 말이다. 아들에 대한 비뚤어진 부성애에서 기인한 과학 교사 병찬의 실수, 바이러스 확산의 원인이 되었던 과학실의 실험 햄스터, 병찬이 아들을 향해 내려치던 순간 손에 들려있던 성경책과 함께 드라마 오프닝에서 빗물에 어른거리는 붉은 십자가, 건물 옥상에 걸려있는 만卍자 깃발과 붉은 십자가의 이질적 조합 등은 장르적 관습과 도상으로 기능한다.

그러나 미국 공포영화에서 빈번하게 보이는 여성에 대한 클리셰—'정상성normality'을 위협하여 공포를 유발하는 비非정상적 존재 또는 사회적 규범에 순응의 의미로 마지막까지 살아남는 '파이널 걸Final girl'과 같은 재현은 굳이 답습하지 않는 편이 좋을 법했다. 과학실 햄스터에게 물려 최초 좀비가 되어 바이러스 확산의 근원이 되었던 현주, 성적인 괴롭힘을 당하고 돌연변이 좀비가 되어버린 은지는 공포영화에서 전형적으로 표현되는, '정상성'에 도전하고 그것을 위협하는 인물들로 그려진다. 청산의 희생으로 끝까지 살아남은 온조와 함께 좀비가 되었음에도 이성과 인간성을 잃지 않으려 애쓰며 생존에 성공한 남라가 '파이널 걸'로 여겨지는 것은 부디 철저한 오해이기를.

　다만, 학교에서 같은 교복을 입고 개성과 주체성을 잃어가며 하나의 목표를 향해 내닫기만을 강요당해 온 학생들이 좀비가 되어 간다는 설정에서 '그럴듯함'을 발견한다. 등교 시간에 교문을 통과하기 위해 뛰던 학생들의 모습은 이후 바이러스에 감염된 좀비 떼의 이미지와 많은 유사성을 보인다. 어쩌면 그들은 점수와 내신 등급을 위해서 친구를 이겨야 한다는 강박과 경쟁을 어쩔 수 없이 학습해야 했을 것이다. 그들에게 서로를 의심하고 경계하며 좀비로 변한 절친한 친구를 죽여야 할 수밖에 없는 아이러니를 부여했다는 점 역시 좀비 소재여야 하는 이유와 서사의 개연성을 충분히 획득하고도 남는다.

'지금'이라는 시간성, '학교'라는 공간성

드라마가 시작되면, 방과 후 평화로운 학교의 곳곳을 카메라가 훑으면서 공간성을 획정해간다. 이후 그 공간에서 벌어질 상황에 연루될 대부분의 인물들을 카메라가 지속해서 스쳐 지나간다. 학교는 밝고 활기차기도 하지만 폭력과 분노로 얼룩진 어둠을 함께 지닌다. 좀비로 뒤덮여 지옥이 될 학교는 고립된 학생들이 사투를 벌이

게 되는 주된 배경이 된다. 그곳은 빠져나갈 수도 없고 구출되기도 힘든 외딴 섬이 되어 우리에게 폐소공포증을 경험시킨다.

한국의 고등학생이라면 막연하게 한 번쯤은 꿈꿔왔을 법한 상황, 학교가 없어졌으면 좋겠다는 헛된 소망이 드라마에서 실현된다. 황망하게도 학교는 결국 폭파된다. 이 드라마는 학교의 현실을 상징적으로 가장 가깝게 반영하면서 동시에 가장 반대의 방식으로 학교를 풍자하기도 한다.

나연과 경수의 대조는 빈부의 격차가 큰 우리 사회의 현재 모습을 닮아있다. 경수를 기생수(기초 생활 수급자)라 부르며 무시하는 부유층 나연은 담장을 높여 임대아파트와의 분리를 지향하는 고급아파트를 대표한다. 스스로 행동하지 않고 친구들에게 지시하는 것이

능숙해 보이는 나연은 자신에게 대립하던 경수를 좀비로 만들어 버린다.

사필귀정 그리고 인과응보. 현재의 우리 사회, 특히 지배계층에 게는 사라진 것처럼 보였던 이 단어가 인물 관계를 중심으로 성립 되어간다. 나연은 경수를 감염시킨 후 죄책감에 경수의 환영에 시 달리다가 결국 좀비에게 희생된다. 사건을 축소하고 은폐하려던 교 장은 폭력사건의 중심이었던 귀남에게 죽임을 당하고, 성범죄에 노 출되었던 은지에게 2차 가해를 했던 정교사 역시 은지에게 죽임을 당한다. 다소 지나친 표현방식에서 불편함이 있지만, 좀비 아포칼 립스에서의 죽음은 어쩔 도리가 없지 않은가.

드라마 속 지금의 시간성은 현실의 팬데믹의 상황이나 한국에서 목격했던 여러 사건, 사고에서의 장면을 연상시킨다. 상황에 대응하는 국가기관의 모습에서, 스마트폰으로 마지막 말을 남기는 학생들의 모습에서, 드론을 띄워 활용하는 모습에서, 유튜버가 개인방송을 하는 모습에서, 인터넷으로 사진 유출을 시도하는 모습 등을 통해서도 재현된다. 이 드라마가 단순한 허구가 아닌 어쩌면 사실적 소재를 극화하고 있다는 방증일 수 있다.

이렇듯 이 드라마는 여러 인물을 통해 대한민국의 다양한 모습을 압축하여 그려낸다. 그리고 드라마의 시공간은 우리가 있는 '현재'와 '이곳'을 대변한다.

완성되지 않은 문장, 아직은 희망이 있다.

드라마는 철저한 디스토피아를 그려낸다. 귀남을 통해 결코 계도가

될 수 없는 악을 목격하기도 한다. 이 드라마를 보면서 가장 속이 불편했던 부분은 '다수를 위한 소수의 희생'이라는 자의적인 합리화이다. 이는 또 다른 방식의 섬찟한 폭력으로 느껴지기도 한다.

그러나 이 드라마는 가장 힘든 순간에 첫사랑의 풋풋함을 꿈꿀 수 있도록 한다. 학생들을 위해 스스로 희생하는 교사가 그때, 그곳에 있었고, 계급에 대한 특혜를 바라지 않는 국회의원도 있었으며 적어도 자신의 그릇된 선택에 대해 책임지는 어른이 존재했다. 그리고 드라마는 가족에 대한 사랑과 희생의 가치를 보여주기도 한다. 좀비로 변해가는 공포 속에서도 친구들의 안위를 걱정하고, 좀비가 되었어도 친구를 포기하지 않으려는 학생들이 있었다. 싫어했던 친구와 진심을 나누는 친구가 되기도 한다.

이 드라마는 대부분을 소멸시킨다. 그럼에도 불구하고 생존자들을 통해 미래를 이야기하고자 한다. 드라마의 제목 〈지금 우리 학교는〉은 아직 완벽하게 완성된 문장이 아니다. 이는 절망과 포기의 끝에 살아날 수 있는 희망의 불씨를 그려내고자 한 의도는 아닐까? 조만간 공개될 다음 시즌의 드라마에서 아직은 확인이 되지 않은 다른 생존자가 등장하지는 않을까. 그리고 제목의 문장을 보다 완성 시켜 주지 않을까 하는 기대를 해본다.

최 정 인 mono@cau.ac.kr
중앙대학교 첨단영상대학원 영상학과 교수로 재직하면서 드라마 관련 교과목을 개설하여 수업을 시작했다. '열정적인 중재자' 유형의 MBTI를 지니고 늘 드라마틱한 하루를 꿈꾸지만, 직업 탓에 '재기발랄한 활동가'를 코스프레하며 하이퍼리얼한 현재를 살아가고 있다. 영화를 전공했고, 영화 프로듀서로 일을 하며 입금이 되면 각색도 하고 있다. 가끔 시간 되고 돈이 될 때 독립영화 연출도 간간이 하고 있다. 2021년에 다큐멘터리 〈청춘선거〉의 프로듀서를 맡아 극장 개봉을 시켰고, 2022년에 〈Onstage〉라는 VR영화를 연출하기도 했다. 최근 드라마에 대한 무한한 애정을 가지고 논문 「A Study on the Topographical changes in Korean drama since the 2000s(2023)」을 쓴 바 있다. 오래전에 『배우 연기 연출』이라는 책을 쓰기도 했다.

파친코

CP 수 휴, 리처드 미들턴, 테레사 강 유, 마이클 엘렌버그, 린제이 스프링어

연출 코코나다, 저스틴 전

출연 김민하, 윤여정, 이민호, 진하, 정은채, 노상현, 정웅인 외

극본 수 휴

원작 이민진 장편소설 『파친코』

음악 니코 뮬리

제작 조던 무르시아

제작사 Media Res

방송기간 시즌1 8부작 2022년 3월 25일 ~ 2022년 4월 29일

허수진 작가
Soo Hugh

미국의 텔레비전 작가, 프로듀서, 쇼러너이다. AMC의 〈The Terror〉 첫 시즌의 공동 쇼러너를 맡았으며, 이민진 작가의 베스트셀러 소설을 각색한 Apple TV+ 〈파친코〉의 쇼러너를 맡았다.

돈이 아니라 정이지.
세상에 정이라는 게 있다는 것도 알아야 되는기다. 그래야
강하게 크는기다.
- 훈이(선자의 아버지)가 아내에게

그라모, 평생 자식들 뒤에서 희생하는기, 그기 우리 팔자가
이 말이가? 언제쯤 그만하면 되노? 죽으면 그만해도 되나?
- 선자(노년)이 솔로몬에게

돌아가고 싶다 캤다. 한 번 더 우리나라 보고 싶다꼬. 느이
큰어머이 유골 여기다 묻기 싫다. 고향으로 모실란다. 고향
에 가고 싶다, 내도.
- 선자(노년)가 모자수에게

거기서 조선인으로 산다는게 어떤건지 내가 겪어봐서 알아.
- 한수가 일본으로 건너가겠다는 선자(청년)를 잡으며

그 굴욕감에 술 처먹고, 싸움질 하고, 집구석에서 마누라나
패고 적어도 나, 바닥 아니다. 내 밑에 누가 또 있다. 저놈들
의 법을 따라췄어요. 근데 아직도 춥고 배고프잖아요. 이젠
그 법을 때려부숴야 합니다.
- 한 청년이 어머니의 부탁으로 상담하러 온 이삭에게

오늘은 너만 힘든게 아니다. 너만 고아가 된게 아니라고.
하지만 이런 때에 사람의 운명이 결정되는거야. 고통을 겪
어도 갈길을 가는 사람이 있고, 고통에 주저앉아 버리는
사람도 있지. 그런 바보가 되지 마라.
- 료치가 아버지의 죽음을 슬퍼하는 한수를 잡으며

역사를 살아낸 얼굴들

– 〈파친코〉

양근애(문화평론가, 명지대 교수)

애플TV+를 통해 전 세계에 공개된 〈파친코〉(2022)에서 무엇보다 인상적인 것은 정면을 응시하는 얼굴들이다. 선자의 엄마인 양진의 얼굴로부터 시작하는 이 장대한 이야기는 1910년대 부산 영도에서 1989년 미국 뉴욕과 일본 오사카까지, 무려 4대에 걸친 역사를 다루고 있다. 원작 소설인 민진 리의 『파친코』(2017)와 마찬가지로, OTT 시리즈 〈파친코〉를 둘러싼 담론은 대중에게 잘 알려지지 않았던 자이니치(재일조선인)의 역사에 주목하고 있다. 그러나 소설의 첫 문장 "역사는 우리를 저버렸지만, 그래도 상관없다."가 암시하듯, 〈파친코〉 역시 역사 그 자체가 아니라 그 역사 속의 개인이 마치 도박과도 같은 불공평하고 아이러니한 삶을 어떻게 살아냈느냐에 방점을 찍고 있다. 말하자면 〈파친코〉는 양진과 선자, 모자수와 솔로몬으로 이어지는 얼굴들의 연대기다. 그 얼굴에는 일제강점기 일본의 조선인으로, 냉전 이후 미국의 아시아인으로 살아내야 했던 경계인의 두려움이 서려 있고 엄혹한 시대를 생존하기 위한 갈망과 절망의 고투가 깃들어 있다.

고결함이 두려움에 맞설 때

양진이 어렵게 얻은 선자는 총명하고 단단한 아이로 자라난다. 다 큰 선자는 일본 순사가 지나갈 때 고개를 숙이지 않는 당당함으로

사업가 한수의 눈을 사로잡는다. 선자는 한수와 사랑에 빠져 아이를 가졌지만, 그의 첩이 되기를 거부함으로써 자신을 지킨다. 그녀는 한수를 통해 세상을 보았으나 세상에 굴복하지 않았다. 아버지 훈이 주었던 사랑, 팔자가 아니라 자격으로 자식을 얻었다고 말하는 훈의 어진 성품이 선자를 강한 사람으로 자라게 했다. 〈파친코〉는 어린 시절부터 노년이 되기까지 고난 속에서도 품위와 격을 잃지 않고 살아온 선자의 삶을 통해 역사를 조명한다.

그녀는 아이를 지울 생각이 없느냐는 이삭의 말에 단호하게 대처한다. 미혼모가 되어 사람들에게 손가락질을 받게 될 선자를 이삭이 구원하는 것이 아니라, 자신의 선택으로 인한 결과를 책임질 줄 아는 선자가 이삭을 새로운 삶으로 인도할 것이란 기대는 이삭

2023 작가가 선정한 오늘의 드라마

으로부터 시청자에게로 전이된다. 〈파친코〉는 식민지 부산의 어촌 마을에서 자라난 가난하고 못 배운 여성을 통해 역사의 지도를 다시 그린다. 평범하고 작고 나약해 보이지만 고결함을 잃지 않았던 보통의 사람들로 다시 쓰는 역사.

〈파친코〉를 "이 땅의 모든 선자들에게 바치는 이야기"로 만들겠다는 제작진의 포부는 선자를 비롯한 여성들을 일하는 사람으로 묘사하는 태도로 그것에 값한다. 하숙집을 운영하는 양진과 선자에게 의지가 되어준 동희와 복희 자매는 밥을 짓고 빨래를 하고 집안을 돌본다. 돈 버는 일을 남성의 몫으로만 생각한 요셉은 여성의 노동을 폄하했지만, 그의 아내인 경희나 선자가 없었다면 가장으로서 그의 위치는 더 위태로웠을 것이다. 그런 의미에서 첫 번째 시즌의 마지막 에피소드가 선자가 김치를 만들어 이카이노의 시장에 나가는 장면으로 끝난 것은 의미심장하다. 남성중심적인 역사에서 가려졌는지 모르지만, 엄혹하고 혼란스러운 시절에 돈을 벌러 사회에 나가야 했던 여성은 많았다. 그러나 여성의 역할을 가정으로 한정시켰던 시대였기 때문에 그것은 더욱 쉽지 않은 일이었다. 드라마는 선자가 김치 냄새에 코를 막는 시장 사람들을 어렵게 뚫고 나가는 모습을 하나도 놓치지 않고 섬세하게 보여준다. 두려움 속에서 용기를 내고 주변의 차가운 공기를 생존의 에너지로 뜨겁게 바꾸는 선자의 표정은 역사가 결코 밀어내지 못했던 얼굴을 보여준다.

자신의 윤곽으로 살기 위하여

〈파친코〉는 선형적 시간을 따르고 있는 원작과 달리 시간적 흐름을 교차 편집을 통해 재구성한다. 부산 영도에서 태어나 아이를 가지고 오사카로 이주한 선자의 삶과, 일본에서 태어나 미국으로 이주했다가 다시 도쿄로 오게 된 손자 솔로몬의 삶을 대비시키는 것이다. 이는 다소 불친절한 전개 방식일 수 있지만, 먼 거리를 단숨에 좁히면서 두 장면 사이의 연관성을 추적하게 만든다는 점에서 시청자의 능동성을 이끌어낸다. 가령 첫 번째 에피소드에서 양진이 무당에게 아이가 생기고 대를 이을 수 있다는 답을 듣는 장면 뒤에 1989년 뉴욕의 은행을 나서는 솔로몬의 모습이 나온다. 양진으로부터 솔로몬으로 이어지는 가족사 연대기가 부산에서 뉴욕까지 시공간의 이동을 동반하였음을 암시하는 것이다. 또 선자가 오십 년 만에 돌아온 부산 바닷가에서 비를 맞는 장면은 계약에 실패한 솔로몬이 지하철역 앞에서 비를 맞으며 춤을 추는 장면과 대비된다. 이 대비는 다소 긴 과거로부터의 서사를 지금의 이야기로 당겨오는 힘이다. 달리 말하면 드라마 〈파친코〉의 구성은 선자 세대와 솔로몬 세대의 대화라고 볼 수 있다.

그러나 이 대화는 제대로 이루어진 소통이 아니며 오히려 불화할 수밖에 없는 차이를 드러낸다. 재일조선인, 게다가 여성으로서의 차별과 배제를 경험한 선자와 아시안으로서 미국식 능력주의의

희생양이 된 솔로몬의 처지는 디아스포라의 소수자 감정을 겪는다는 점에서 비슷해 보인다. 솔로몬의 얼굴은 때때로 선자의 얼굴과 겹쳐지며 드라마 바깥의 현실을 질문하는 것 같다. 그러나 솔로몬은 조선 쌀로 지은 밥을 먹고 눈물을 흘리는 선자를 이해하지 못하며, 파친코 사업을 확장하려는 아버지 모자수의 마음도 알지 못한다. 그런 점에서 〈파친코〉는 솔로몬이 진짜 자신을 찾아가는 이야기기도 하다. 성공에 대한 갈망으로 일본으로 돌아온 솔로몬이 절망과 회한과 그리움이 뒤섞인 얼굴로 변하는 과정은 그래서 인상 깊다.

솔로몬은 조선인이면서 일본인인, 또 미국인이면서 재일조선인인 자신을 잊은 것이 아니다. 한금자를 설득하기 위해 "시대가 변했

잖아요. 이제는 이 사람들이 우리한테 갚을 때예요."(3회)라고 자신의 정체성을 이용할 줄도 아는 그였기 때문이다. 피상적이었던 그의 인식은 할머니가 살아냈던 삶의 궤적을 따라가면서 점차 변한다. 이제 그에게 남은 숙제는 할아버지 이삭의 말처럼 "자기 몸의 윤곽을 똑바로 알고 당당히" 살아가는 일이다.

경계를 와해시키는 힘

드라마는 원작과 달리 한수의 전사를 7회 전체 에피소드로 다루면서 관동 대지진 당시의 비극을 그려내고, 이삭의 투옥 이유를 그가 사회주의자였다는 것으로 바꾸어 현실에 더욱 밀착시킨다. 특히 7회는 화면비율을 달리하여 고한수라는 한 인물에 집중할 수 있도

록 몰입감을 높였다. 이 에피소드는 아버지와 함께 제주도에서 요코하마로 건너가 살았던 한수가 관동대지진 때 아버지를 잃고 어떻게 야쿠자와 관련된 사람이 되었는지, 그가 왜 남들보다 더 많이 알고 더 많이 가지기를 욕망하게 되었는지를 그려낸다. 관동대지진 당시의 참혹한 실상을 자막으로 보여주면서 드라마는 다큐멘터리의 형식을 가져온다. 이 지점에서 허구의 드라마는 역사적 사실을 만나 현실보다 더한 진실 쪽을 가리킨다. 8회 마지막에 재일조선인 여성들의 인터뷰를 실은 것도 같은 효과를 불러일으킨다.

〈파친코〉에 아직 등장하지 않은 이야기가 많다. 이제 시즌1이 끝났을 뿐이니 시즌2 이후에는 자신이 조선인이라는 사실을 지우고 일본인으로 살고자 했지만 결국 실패한 노아의 삶이나 이삭의 죽음과 그로 인한 선자와 한수의 변화 등이 더 생생하게 그려지지 않

을까. 솔로몬이 세계와 불화하고 자신을 찾아가는 모습과 자이니치의 돈벌이 사업이었던 파친코가 인생의 거대한 은유가 되는 장면도 기대가 된다.

디아스포라의 삶은 국가와 민족의 경계를 구획하는 것이 아니라 도리어 그 경계가 무엇인지 심문하게 만든다. 일본에서도 한국에서도 환영받지 못하는 자이니치의 삶은 역설적으로 일본이 아니어도 한국이 아니어도 변하지 않는 자신이 무엇인지 돌아보게 만들기 때문이다. 선자와 솔로몬처럼 경계를 와해시키며 자신이 선 자리를 넓혀가는 삶도 분명 있다.

미국의 자본으로 만들어진 우리의 역사와 이야기가 세계적으로 환대받는 현실이 아이러니하게 느껴진다. 사실 OTT로 확장해나가는 문화자본주의는 이미 국경을 넘어선지 오래다. 〈파친코〉의 국적을 묻는 대신, 이 이야기가 정체성과 경계, 다양성에 대해 질문하는 방식을 눈여겨보자.

〈파친코〉는 자신의 정체성을 통해 경계를 와해시키는 이야기다. 드라마는 감정을 담아내 소설의 활자를 입체감 있게 일으켜 세운다. 〈파친코〉에는 여러 얼굴들이 있다. 생존에 맞선 두려움과 열패감, 환희와 갈망, 자부심과 용기를 보았다. 형언할 수 없는 복잡한 감정으로 역사를 살아낸 그 표정들을, 오늘의 한국을 나타낸 그 얼굴들을 오래 기억하고 싶다.

양 근 애 rootsfly@hanmail.net
명지대학교 문예창작학과 교수. 극작, 드라마터그, 평론을 병행하며 문화예술에 대한 글을 쓰고 있다. 2016년 제2회 한국방송평론상 우수상을 받았다. 기억과 역사의 동력과 문화의 정치성 수행성을 염두에 두고 글을 쓴다.

"〈우영우〉는 나에게 격려와 용기 준 작품⋯. 재미있다고 생각하는 것 소중히 펼치는 창작자 되고파"

— 드라마 〈이상한 변호사 우영우〉 문지원 작가

인터뷰어_이은주(서울신문 기자)

"〈이상한 변호사 우영우〉는 제가 재미있다고 생각하는 것을 보시는 분들도 재미있게 여긴다는 것을 확인시켜준 작품입니다. 그 자체로 더없이 커다란 격려였습니다."

2022년은 우리 모두가 우영우를 만난 특별한 해였다. 〈2023 쿨투라 어워즈〉 오늘의 드라마 부문 수상자로 선정된 드라마 〈이상한 변호사 우영우〉(이하 〈우영우〉)의 문지원 작가에게도 이 작품이 지닌 의미는 각별했다. 그에게 〈우영우〉는 격려이자 용기의 또 다른 이름이었기 때문이다. 문지원 작가는 "〈우영우〉가 쿨투라 어워즈 오늘의 드라마로 선정돼 영광"이라는 수상 소감으로 말문을 열었다.

"문화예술인들께서 설문을 통해 저희 작품을 오늘의 드라마에 뽑아주셨다고 하니 더욱 감사한 마음입니다. 작가인 저뿐만 아니라 드라마를 함께 만든 〈우영우〉 팀 모두에게 주시는 상이라 생각하고 기쁘게 받겠습니다."

〈우영우〉에서 영우는 자신을 흰고래 무리에 속한 외뿔고래라고 칭한다. 극중 영우는 "모두가 저와 다르니까 적응하기 쉽지 않고 저를 싫어하는 고래들도 많다"면서 "그래도 제 삶이니까 괜찮다. 제 삶은 이상하고 별나지만, 가치있고 아름답다"라고 고백한다.

자신을 외뿔고래라고 생각하는 많은 시청자들은 순수하지만 소신있고 당찬 우영우 변호사의 매력에 자연스럽게 이끌렸고, 그녀에게 마음 속 자리 한 켠을 기꺼이 내줬다. 드라마는 이름조차 생소한 케이블 채널에서 방송됐지만, 0%로 시작했던 시청률은 17배가 넘게 폭등했다. 국내외에서 공감대를 형성하며 말 그대로 '우영우 신드롬'을 일으켰다.

그렇다면 작가에게 〈우영우〉는 어떤 작품이었을까. 문 작가는 "다른 사람이 재미있게 봐준다는 것이 얼마나 이루기 어려운 기적 같은 일인지를 잘 알고 있다"면서 "〈우영우〉는 저에게 격려이자 용기를 준 작품"이라고 말했다.

"이번 작품이 제가 재미있다고 생각하는 것을 시청자 분들도 재미있게 여긴다는 것을 확인시켜준 자체만으로 저에게 큰 격려였어요. 앞으로도 '시청자 및 관객이 재미있게 여긴다고 알려진 것'이 아닌, '제가 진짜로 재미있다고 생각하는 것'을 만들어보려고 합니다. 이러한 용기가 생겼다는 사실이 〈우영우〉의 성공으로 인해 가장 달라진 점입니다."

자폐인이 주인공인 드라마는 이전에도 있었고, 법정을 배경으로 한 드라마는 그보다 더 많았다. 하지만 많은 사람들이 우영우에게 열광했던 이유는 우영우라는 캐릭터가 우리 사회에 '다름의 가치'

에 대해 일깨우는 계기가 됐기 때문이다. 극중 영우는 서울대 로스쿨을 수석 졸업하고 변호사 시험에서 만점에 가까운 점수를 받았음에도 불구하고 자폐스펙트럼이라는 장애 때문에 사회에 진출할 기회마저 박탈당한다. 어렵게 로펌에 입사한 뒤에도 사회의 온갖 편견에 맞선다.

"처음에는 모든 시청자가 공감할 수는 없을 거라고 생각했어요. 소재도 예민하고, 형식도 낯선 데다 (마라맛 전개같은) 업계의 관례도 따르지 않았기에 음식으로 치면 순두부 계란탕같은 작품이었기 때문이죠."

중학생 때부터 영화감독을 꿈꾼 '씨네키드'였던 문 작가도 외뿔고래 영우와 비슷한 점이 많다. 우등생이었던 그는 고교 2학년을 중퇴하고 대안학교인 하자작업장학교 영상디자인학과에 입학했다. 제도권 교육을 거부하고 일찍부터 '남다르게 생각하는 법'을 배우기로 결심한 그는 2002년 단편 영화 〈바다를 간직하며〉를 시작으로 〈헬멧〉, 〈창문 너머 별〉, 〈아홉 개의 이야기〉 〈나쁜 아이〉 등을 통해 인권과 관련한 다양한 주제를 작품에 녹였다.

문 작가는 2013년부터 장편 영화를 만들고자 충무로의 문을 두드렸고, 2016년 자신이 쓴 시나리오 〈증인〉이 제5회 롯데 시나리오 공모대전에서 대상을 받고 영화로 만들어지면서 작가로 먼저

우리 사회에 무언가 대단한 화두를 던지겠다는 생각으로
작품을 만들지는 않으려고 합니다.
저는 그저, 제가 재미있다고 생각하는 것들을
소중히 모아서 여러분 앞에 조심스럽게 펼쳐놓는
창작자가 되고 싶습니다. 제가 좋아하는 것을 여러분도
좋아하시기만을 간절히 바라면서요.

데뷔했다. 〈증인〉은 자폐 스펙트럼을 가진 소녀 지우(김향기 분)가
살인 사건의 유일한 목격자로 법정에 서는 이야기를 그린 작품. 변
호사를 꿈꿨던 지우는 극중에서 "나는 아마 변호사는 되지 못할거
야. 자폐가 있으니까. 하지만 증인은 될 수 있을거야"라고 말한다.
드라마 제작사 측은 작가에게 지우가 훗날 변호사가 되는 16부작
드라마를 쓸 수 있겠냐고 제안했고, 문 작가가 드라마를 통해 지우
의 이야기를 확장해보기로 한 것이 〈우영우〉의 시작이었다.

"우영우는 영화 〈증인〉을 보지 않을 것 같지만, 〈증인〉의 지우는
〈우영우〉를 재미있게 본방사수 했을 것 같아요. 지우가 성장해서 우
영우가 되었다기 보다는 각자 따로 살고 있을 것이라고 생각해요."

〈우영우〉는 보는 사람들의 마음까지 따뜻하고 뭉클하게 만드는
힐링 드라마였다. 명대사보다 명장면을 많이 만들려고 노력했다는

고래는 영우의 가장 큰 관심사이자
영우의 마음을 대변하는 존재다.
고래는 영우가 첫 출근을 하며 새로운 도전에 나설 때나
복잡한 사건에 대한 실마리를 얻을 때도
바다 위에서 시원하게 날아오르며
시청자들에게 카타르시스를 안긴다.
시청자들은 이 순간을 '고래카(고래+유레카)'라고 불렀다.

문 작가는 "영우가 법정 안으로 들어온 범고래와 마주 보는 장면을 가장 좋아한다"면서 "그 장면이 TV에서 방송되는 것을 볼 때 처음으로 '아, 이 드라마 쓰길 정말 잘했다!'라고 스스로를 칭찬해줬다"고 털어놨다.

"시청자 분들의 마음 속에 '즐거운 놀라움'으로 남을 만한 명장면을 만들려고 노력했어요. 예를 들어 영우와 준호가 왈츠를 추며 회전문을 통과하는 장면이나 영우가 로펌 회의실에 걸린 거대한 고래 그림을 보고 감격하는 장면, 영우와 준호가 깜박이는 센서 등 밑에서 키스하는 장면 같은 것들처럼요."

〈증인〉 때도 자폐 스펙트럼에 대해 공부했던 작가는 자폐를 다룬 서적과 다큐멘터리, 리얼리티 프로그램 등을 찾아보면서 새롭게 이 드라마에 임했다. 덕분에 우영우의 캐릭터가 더 섬세하게 묘사될 수 있었다.

"자폐 스펙트럼이라는 특성 안에서 영우가 사회 생활을 하면서 겪게 되는 어려움과 이를 극복하는 힘을 표현하려고 했어요. 자폐가 초능력 같은 것은 아니니까 캐릭터에 상당히 조심스럽게 접근했죠. 영우에게 가장 어려운 점은 자폐 자체와 자폐인에 대한 편견이기 때문에 특별한 안타고니스트(적대 대상)도 만들지 않았습니다."

영우는 순수하고 정의로운 자신만의 시각으로 남들이 보지 못하는 것들을 바라보며 사건을 해결해 나간다. 극중 우영우는 우리 사회에서 남과 다르다고 이상한 사람으로 치부되거나 소외받는 모든 사람들을 대변한다. 문 작가는 "'이상하다'는 말은 우영우를 설명하는 데 가장 적절한 단어"라고 소개했다.

"일반적이지 않은, 낯선, 독특한, 비범한, 엉뚱한, 별난, 상식적이지 않은, 특별한 사람을 가리켜 흔히 '이상하다'고 하잖아요. 이상한 사람들은 다수의 사람들을 긴장시키고 두렵게 하고 문제를 일으키기도 하지만, 우리가 사는 세상을 변화시키고 풍요롭게 하며 더 재미있는 곳으로 만들기도 하죠. 시청자들이 이상한 사람들이 가진 이상한 힘을 느꼈으면 좋겠다고 생각했어요."

자폐와 법률 지식, 고래 등에 관해 두루 섭렵한 작가가 드라마를 쓰면서 가장 중점을 둔 부분은 '밀도'였다. 그는 한 변호사의 에세이를 기반으로 실제 사건을 모티브로 삼고 다양한 에피소드로 변주했다. 그 과정에서 탈북민을 비롯한 다양한 소외계층의 이야기도 나왔다.

"이 드라마의 주제를 한 문장으로 이야기한다면 '다양성을 존중하자' 정도가 될 것 같아요. 세상을 발전시키는 것은 드라마가 아니라 드라마를 계기로 나오는 이야기들이죠. 이번 작품을 통해 인권에 대해 논의하고, 고민한다면 그것이 우리 사회가 더 나은 방향으로 만드는 일이라고 생각합니다."

이 작품에서 빼놓을 수 없는 것이 바로 '고래'다. 고래는 영우의 가장 큰 관심사이자 영우의 마음을 대변하는 존재다. 고래는 영우가 첫 출근을 하며 새로운 도전에 나설 때나 복잡한 사건에 대한 실마리를 얻을 때도 바다 위에서 시원하게 날아오르며 시청자들에게 카타르시스를 안긴다. 시청자들은 이 순간을 '고레카(고래+유레카)'라고 불렀다.

"'고레카'라는 말이 너무 재미있었어요. 8화 대본을 마친 후 유인식 감독님이 합류하셨는데, 영우의 내면을 시각적으로 보여줄 수 있는 게 있으면 좋겠다고 제안을 하셨죠. 자폐인은 특정 대상에 대해 전문가적 지식을 가진 경우가 있는데 공룡, 기차, 날씨, 자동차 등 다양한 후보 가운데 고래를 선택했어요. 생김새도 멋있고 시각적으로 미장센을 풍성하게 해줄 거라고 생각했죠."

드라마에 자주 등장하는 회전문은 영우 앞에 놓인 현실의 장애물을 뜻한다. 이 과정에서 준호(강태오 분)는 회전문 앞에서 망설이는 그녀에게 먼저 손을 내밀고, 함께 발맞춰 왈츠를 추면서 회전문을 통과한다. 회전문은 두 사람이 사랑을 통해 난관을 함께 극복하는 과정을 의미한다.

"영우와 준호가 함께하는 순간이 소중하게 기억했으면 좋겠어서 회전문 에피소드를 넣었어요. 자신에게만 집중하던 영우가 누군가를 사랑하면서 다른 사람을 자기 세계에 초대하고 상대와 발맞춰가는 것은 성장에서 빼놓을 수 없는 지점이었죠. 영우도 다른 사람을 받아들이고, 준호도 자폐인을 사랑하는 것에 대해 고민하는 과정을 통해 두 사람의 성장과 로맨스를 불편하지 않게 그리려고 했습니다."

시청자들이 이상하고 낯선 영우에게 감정이입을 하면서 함께 성장하는 기적같은 체험을 하게 해주고 싶었다는 문 작가. 영우는 한 뼘 더 성장해 정규직 변호사로 첫 출근하던 날, 자신이 느끼는 감정을 '뿌듯함'이라고 설명한다. 과연 작가는 언제 뿌듯함을 느꼈을까.

"〈우영우〉가 방영되는 동안 시청자 분들께서 자폐 스펙트럼, 장애, 여성, 환경, 고래, 다양성, 정의, 인권, 차별, 사랑, 우정 등 정말 다양한 이야기들을 풀어내주셨습니다. 우리가 만든 한 편의 드라마를 계기로, 풍부한 논의가 이루어졌다는 사실이 가장 뿌듯했습니다."

"어떤 장면을 통해 사람들에게 무언가를 전하고 싶은 욕망이 크다"는 문지원 작가의 다음 목표는 장편 영화 감독 데뷔다. 그는 "차기작은 일본 추리소설을 영화로 만드는 프로젝트로 각색과 연출 모두를 맡았다"고 귀띔했다. 그가 또 어떤 이야기를 펼쳐낼지 벌써부터 기대를 모은다.

"우리 사회에 무언가 대단한 화두를 던지겠다는 생각으로 작품을 만들지는 않으려고 합니다. 저는 그저, 제가 재미있다고 생각하는 것들을 소중히 모아서 여러분 앞에 조심스럽게 펼쳐놓는 창작자가 되고 싶습니다. 제가 좋아하는 것을 여러분도 좋아하시기만을 간절히 바라면서요. 여러분, 앞으로도 잘 부탁드립니다."

【 '작가'가 선정한 오늘의 시 】 시리즈

2002 '작가'가 선정한 **오늘의 시&시조** _ 고두현 「귀로」 外
기획위원 / 이우걸 장경렬 이경철 유성호 홍용희 김춘식   신국판 / 값 7,000원

2003 '작가'가 선정한 **오늘의 시** _ 신경림 「낙타」 外
기획위원 / 이지엽 맹문재 오형엽   신국판 / 값 8,000원

2004 '작가'가 선정한 **오늘의 시** _ 문태준 「맨발」 外
기획위원 / 문혜원 맹문재 유성호   신국판 / 값 8,000원

2005 '작가'가 선정한 **오늘의 시** _ 문태준 「가재미」 外
기획위원 / 문혜원 맹문재 유성호   신국판 / 값 8,000원

2006 '작가'가 선정한 **오늘의 시** _ 송찬호 「만년필」 外
기획위원 / 유성호 박수연 김수이   신국판 / 값 9,500원

2007 '작가'가 선정한 **오늘의 시** _ 김신용 「도장골 시편—넝쿨의 힘」 外
기획위원 / 유성호 박수연 김수이   신국판 / 값 10,000원

2008 '작가'가 선정한 **오늘의 시** _ 김경주 「무릎의 문양」 外
기획위원 / 이형권 유성호 오형엽   신국판 / 값 10,000원

2009 '작가'가 선정한 **오늘의 시** _ 송재학 「늪의 內簡體를 얻다」 外
기획위원 / 이형권 유성호 오형엽   신국판 / 값 10,000원

2010 '작가'가 선정한 **오늘의 시** _ 진은영 「오래된 이야기」 外
기획위원 / 유성호 홍용희 이경수   신국판 / 값 10,000원

2011 '작가'가 선정한 **오늘의 시** _ 심보선 「나」라는 말」 外
기획위원 / 유성호 홍용희 함돈균   신국판 / 값 12,000원

2012 '작가'가 선정한 **오늘의 시** _ 안도현 「일기」 外
기획위원 / 유성호 홍용희 함돈균   신국판 / 값 12,000원

2013 '작가'가 선정한 **오늘의 시** _ 공광규 「담장을 허물다」 外
기획위원 / 유성호 홍용희 함돈균   신국판 / 값 12,000원

2014 '작가'가 선정한 **오늘의 시** _ 이원 「애플 스토어」 外
기획위원 / 유성호 홍용희 함돈균   신국판 / 값 12,000원

2015 '작가'가 선정한 **오늘의 시** _ 유홍준 「유골」 外
기획위원 / 유성호 홍용희 함돈균   신국판 / 값 14,000원

2016 '작가'가 선정한 **오늘의 시** _ 박형준 「칠백만원」 外
기획위원 / 유성호 홍용희 함돈균   신국판 / 값 14,000원

2017 '작가'가 선정한 **오늘의 시** _ 나희덕 「종이감옥」 外
기획위원 / 유성호 홍용희 나민애   신국판 / 값 14,000원

2018 '작가'가 선정한 **오늘의 시** _ 신철규 「심장보다 높이」 外
기획위원 / 유성호 홍용희 함돈균   신국판 / 값 14,000원

2019 '작가'가 선정한 **오늘의 시** _ 유계영 「미래는 공처럼」 外
기획위원 / 유성호 홍용희 나민애 전철희   신국판 / 값 14,000원

2020 '작가'가 선정한 **오늘의 시** _ 안희연 「스페어」 外
기획위원 / 유성호 홍용희 함돈균   신국판 / 값 15,000원

2021 '작가'가 선정한 **오늘의 시** _ 허연 「가여운 거리」
기획위원 / 유성호 홍용희 함돈균

2022 '작가'가 선정한 **오늘의 시** _ 김민정 「반투명」
기획위원 / 유성호 홍용희 함돈균

2023 '작가'가 선정한 **오늘의 시** _ 박소란 「숨」 外
기획위원 / 유성호 홍용희 허희   신국판 / 값 15,000원

【 '작가'가 선정한 오늘의 소설 】 시리즈

【 '작가'가 선정한 오늘의 영화 】시리즈

2006 '작가'가 선정한 **오늘의 영화** _ 이준익 감독 〈왕의남자〉 外
기획위원 / 강유정 김서영 강태규   신국판 / 값 9,500원

2007 '작가'가 선정한 **오늘의 영화** _ 김태용 감독 〈가족의 탄생〉 外
기획위원 / 강유정 이상용 황진미   신국판 / 값 9,500원

2008 '작가'가 선정한 **오늘의 영화** _ 이창동 감독 〈밀양〉 外
기획위원 / 유지나 강태규 설규주   신국판 / 값 10,000원

2009 '작가'가 선정한 **오늘의 영화** _ 장훈 감독 〈영화는 영화다〉 外
기획위원 / 유지나 전찬일 강태규   신국판 / 값 10,000원

2010 '작가'가 선정한 **오늘의 영화** _ 봉준호 감독 〈마더〉 外
기획위원 / 유지나 전찬일 강태규   신국판 / 값 10,000원

2011 '작가'가 선정한 **오늘의 영화** _ 이창동 감독 〈시〉 外
기획위원 / 유지나 전찬일 강태규   신국판 / 값 12,000원

2012 '작가'가 선정한 **오늘의 영화** _ 이한 감독 〈완득이〉 外
기획위원 / 유지나 전찬일 강태규   신국판 / 값 12,000원

2013 '작가'가 선정한 **오늘의 영화** _ 윤종빈 감독
〈범죄와의 전쟁 : 나쁜 놈들 전성시대〉 外
기획위원 / 유지나 전찬일 강유정 신국판 / 값 12,000원

2014 '작가'가 선정한 **오늘의 영화** _ 봉준호 감독 〈설국열차〉 外
기획위원 / 유지나 전찬일 강유정   신국판 / 값 12,000원

2015 '작가'가 선정한 **오늘의 영화** _ 2015 김한민 감독 〈명량〉 外
기획위원 / 전찬일 홍용희 이재복 강태규 손정순   신국판 / 값 14,000원

2016 '작가'가 선정한 **오늘의 영화** _ 류승완 감독 〈베테랑〉 外
기획위원 / 유지나 전찬일 이재복 강태규 손정순 신국판 / 값 14,000원

2017 '작가'가 선정한 **오늘의 영화** _ 이준익 감독 〈동주〉 外
기획위원 / 유지나 전찬일 손정순 신국판 / 값 14,000원

2018 '작가'가 선정한 **오늘의 영화** _ 김현석 감독 〈아이 캔 스피크〉 外
기획위원 / 유지나 전찬일 손정순 신국판 / 값 14,000원

2019 '작가'가 선정한 **오늘의 영화** _ 이창동 감독 〈버닝〉 外
기획위원 / 유지나 전찬일 손정순 신국판 / 값 14,000원

2020 '작가'가 선정한 **오늘의 영화** _ 봉준호 감독 〈기생충〉 外
기획위원 / 유지나 전찬일 손정순 신국판 / 값 15,000원

2021 '작가'가 선정한 **오늘의 영화** _ 우민호 감독 〈남산의 부장들〉
기획위원 / 유지나 전찬일 손정순

2022 '작가'가 선정한 **오늘의 영화** _ 류승완 감독 〈모가디슈〉
기획위원 / 유지나 전찬일 손정순

2023 '작가'가 선정한 **오늘의 영화** _ 박찬욱 감독 〈헤어질 결심〉 外
기획위원 / 강유정 유지나 전찬일 신국판 / 값 15,000원

2023 '작가'가 선정한 오늘의 드라마

2023년 12월 22일 1판 1쇄 인쇄
2023년 12월 28일 1판 1쇄 발행

지은이 | 문지원 김민정 외
펴낸이 | 孫貞順
펴낸곳 | 도서출판 작가
　　　　서울 서대문구 북아현로6길 50 (03756)
　　　　전화 | 365-8111~2 팩스 | 365-8110
　　　　이메일 | cultura@cultura.co.kr
　　　　홈페이지 | www.cultura.co.kr
　　　　등록번호 | 제13-630호(2000. 2. 9.)

기획위원 | 김민정 설재원 주찬옥
편집 | 손희 설재원 박영민
디자인 | 박근영 오경은
영업·관리 | 이용승

ISBN 979-11-90566-75-9 (93680)

값 15,000원